Formal Expressions for Japanese Interaction

待遇表現

INTER-UNIVERSITY CENTER FOR JAPANESE LANGUAGE STUDIES

General Editors: Kikuko Tatematsu
Yoko Tateoka
Takashi Matsumoto
Tsukasa Sato

The Japan Times

)

Formal Expressions for Japanese Interaction

待遇表現

INTER-UNIVERSITY CENTER FOR JAPANESE LANGUAGE STUDIES

General Editors: Kikuko Tatematsu
Yoko Tateoka
Takashi Matsumoto
Tsukasa Sato

The Japan Times

Formal Expressions for Japanese Interaction

General Editors:
Kikuko Tatematsu   Yoko Tateoka
Takashi Matsumoto   Tsukasa Sato

Other Center Staff Members:
Sumie Tani   Kazuhiko Yoshioka
Koichi Nishiguchi   Tamaki Kono
Rika Nasu   Rie Kishida
Soichi Aoki

Former Staff Members:
Kazuko Sanada   Tsutomu Fukuchi
Izumi Saita   Noriko Komatsu Wallace

Copyright ©1991 by Inter-University Center for Japanese Language Studies

First edition: June 1991
5th printing: June 1995

English translation: Janet Ashby
Illustrations: Shizuo Okuda
Photographs: Toshiki Sawaguchi, Kyodo Photo Service
Cover art: Hiroko Kobayashi

Published by The Japan Times, Ltd.
5-4, Shibaura 4-chome, Minato-ku, Tokyo 108, Japan

ISBN4-7890-0571-2

Printed in Japan

はじめに

　世界の中での日本の役割が大きくなるにつれ，日本語によるコミュニケーションもまた，重要な役割を担うようになってきた。こうした中で，日本語を学ぶ外国人にとって，単に旅行したり親睦を深めることができるだけでなく，日本人と交渉したり，ともに仕事をしたりする上で，摩擦を生じないやりとりができることが，重要な課題になってきている。

　特に，中・上級学習者において問題となるのは，ただ文型を学習しても，どういう場面で，誰に対して，いつ使うかなどの判断が困難だ，ということである。この『Formal Expressions for Japanese Interaction －待遇表現－』は，このようなニーズに対応して作られた教材であり，イントネーションや間，表情，態度などを含めて適切に状況を判断し，誤解が生じないように正しく待遇表現が使えることをめざしている。

　本教材は，もともと，アメリカ・カナダ大学連合日本研究センターが待遇表現の授業を行うために開発し，長年使用してきたものである。当センターでは，本国で2年以上日本語を履修した学生を対象に，10か月間の日本語集中プログラムを行っている。センターを卒業後，日本研究，政治，ビジネス，法律，外交など多方面にわたり日本語を実地に必要とする彼らのニーズに応え，また広く一般の学習者も使えるよう，今回大幅に改訂し，出版することにした。

　教師用マニュアルを別冊としてまとめたので，本教材の詳しい使い方や授業のすすめ方については，そちらを参照してほしい。

　ある程度の会話がこなせる中・上級の日本語学習者に対しては，適切さに関する日本人の要求も高くなる。それに応じるために，教師も学習者も「コミュニケーションができさえすればいい」という意識から一歩進んで，場面に応じた正しい待遇表現を教え，学んでほしい。本書がその一助になれば幸いである。

　1991年5月

アメリカ・カナダ大学連合日本研究センター

Preface

Accompanying the larger role played by Japan in the world has been the rising importance of communication in Japanese. As a result, for foreigners, studying Japanese language is no longer simply a matter of acquiring language skills for use on trips or for international amity. It is now an essential undertaking for friction-free interactions with the Japanese at work and in other daily situations.

A particular problem for students at the intermediate and advanced level is properly using the patterns learned in the classroom, i.e. judging when these should be used and how they should be adjusted according to whom is being addresssed. *Formal Expressions for Japanese Interaction* has been expressly designed to meet this need. Its purpose is to enable students to use the *taigu hyogen* correctly and without misunderstanding, correctly incorporating intonation, pause, facial expressions, attitude, and so on.

The materials in this text were developed at the Inter-University Center for Japanese Language Studies and have been used for many years in classes there. The ten-month intensive program at the Inter-University Center is designed for students who have studied Japanese for at least two years at American or Canadian universities. Originally tailored to meet the needs of postgraduate students working in Japan studies, politics, business, law, and diplomacy, the materials have recently been extensively revised to further meet the needs of a wider range of students.

Teachers desiring further guidance on using this text should refer to the accompanying teacher's manual.

Once students reach the intermediate and advanced level, they are expected to behave linguistically as if they are Japanese. Accordingly both students and teachers must move beyond the attitude that it is enough to achieve understandable communication. We sincerely hope that this volume will be of use to foreign learners of Japanese who desire to develop more than simply adequate language skills and truly fit the situations in which they find themselves.

May 1991

Inter-University Center for Japanese Language Studies

も　く　じ

第　1　部

第　2　部

第　3　部

第　4　部

How to Use This Book

1. THE AIM OF THIS BOOK

The *taigu hyogen* found in this book are an important tool in interacting smoothly with the Japanese while living and working in Japanese society. We have tried to include a wide range of social situations such as speaking on the telephone, seeking advice, leaving messages, or discussing matters, so that students will become able to use the appropriate linguistic and extralinguistic behavior in their various dealings with the Japanese.

Students should first listen to the accompanying audio tapes and then study the written texts. An essential final step verifying one's correct usage of the *taigu hyogen* through feedback from the teacher.

2. THE COMPOSITION OF THE BOOK

This texbook consists of the following sections:

I. Introduction to the characters in the dialogues and chart of their relationships

This chart shows the hierarchical relations existing among the characters. Refer to it often and think about why the level of language changes depending on what two persons are talking together.

II. Unit 1~12

1. 基本会話 *Key Dialogue*

The Key Dialogue is a portion of the main dialogue containing the basic patterns to be learned in that (recorded on the tape).

2. 言いかえ練習 *Variation Drill*

These are substitution drills designed to enable the students to say key patterns smoothly.

3. 練 習 *Drills*

All units have 練習会話 (Supplementary Dialogues) which are close to actual conversation (both recorded on the tape). Units 1 and 2, where listening comprehension is particularly important, have task listening practices.

Other types of practice include, where necessary, explaining the kanji in a name or address or practicing the changing linguistic behavior appropriate to different situations.

4. 会話文 *Dialogues*

The Dialogues help students learn proper linguistic and extralinguistic behavior through the various situations encountered by the graduate student Mr. Smith (recorded on the tape).

Although this textbook is divided into twelve units, the story in the Dialogues falls into four sections:

> Part 1——Units 1-4
> Part 2——Units 5-7
> Part 3——Units 8 and 9
> Part 4——Units 10-12

The underlined sentences in the Dialogues are particularly important. Students should listen to them repeatedly on the tape and practice until they can say them the same as on the tape.

Students should also study the Dialogues carefully and examine what language is used in what situation, paying particular attention to the influence of the degree of intimacy and the hierarchical relations existing between Mr. Smith and the other characters.

5. 応用練習 *Application Exercises*

These are simulation exercises. Students should make use of what they have learned in the rest of the unit in choosing the appropriate language behavior for the situations provided. Students should pay special attention to feedback from the teacher during these drills.

6. *Writing letters, postcards, etc.*

Examples of letters, postcards, and the like are provided at the last unit of each part, with the exception of Part 3. Students should practice writing these out, changing only the content of the date, names, season, etc. Since Japanese letters are quite formalized, students should be able to learn how to write them by following the models provided.

III. The English translations of Dialogues and Supplementary Dialogues

At the back of the volume will be found English translations of Dialogues and Supplementary Dialogues. These are provided only as a final check of the student's comprehension of the passage. Therefore students should look at the translations only after listening to the tape as many times as necessary to understand it, referring to the printed text, and looking up unfamiliar words.

3. THE FURTHER STEP

Students should make an effort to use the patterns learned in this text in actual conversations at school and work, if feasible. Talking directly with native Japanese speakers about what sort of language is used in a given situation will also do much to further a sense of what language is appropriate at what time.

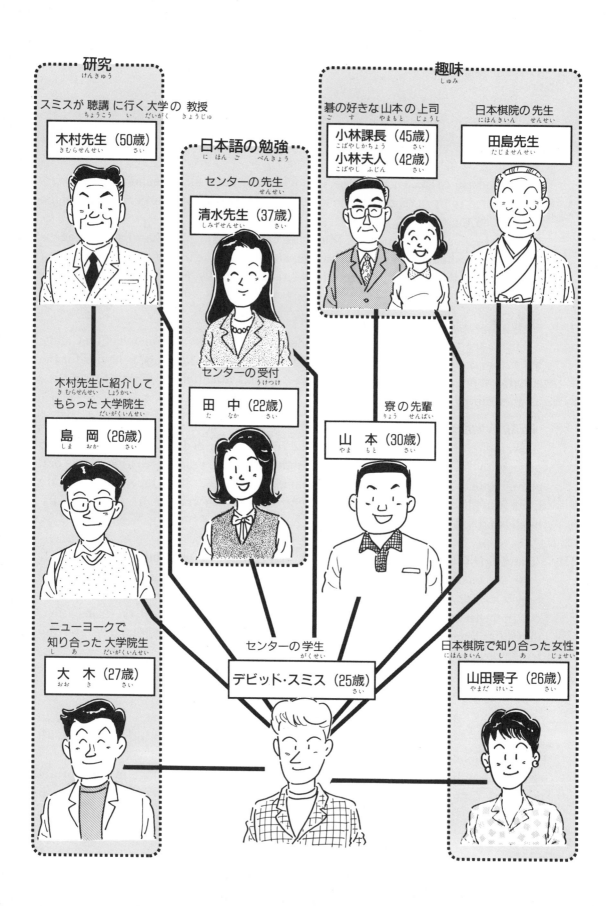

研究
（けんきゅう）

スミスが 聴講 に行く 大学の 教授
（ちょうこう）（い）（だいがく）（きょうじゅ）

木村先生 （50歳）
（きむらせんせい）（さい）

日本語の勉強
（にほんご）（べんきょう）

センターの 先生
（せんせい）

清水先生 （37歳）
（しみずせんせい）（さい）

趣味
（しゅみ）

碁の好きな山本の上司
（ご）（す）（やまもと）（じょうし）

小林課長 （45歳）
（こばやしかちょう）（さい）
小林夫人 （42歳）
（こばやし ふじん）（さい）

日本棋院の 先生
（にほんきいん）（せんせい）

田島先生
（たじませんせい）

木村先生に 紹介して
（き むらせんせい）（しょうかい）
もらった 大学院生
（だいがくいんせい）

島 岡 （26歳）
（しま おか）（さい）

センターの 受付
（うけつけ）

田 中 （22歳）
（た なか）（さい）

寮の 先輩
（りょう）（せんぱい）

山 本 （30歳）
（やま もと）（さい）

ニューヨークで
知り合った 大学院生
（し あ）（だいがくいんせい）

大 木 （27歳）
（おお き）（さい）

センターの 学生
（がくせい）

デビッド・スミス （25歳）
（さい）

日本棋院で知り合った女性
（にほんきいん）（し あ）（じょせい）

山田景子 （26歳）
（やまだ けいこ）（さい）

登場人物紹介
(Introduction to the Characters)

＊デビッド・スミス　David Smith

25歳のアメリカ人大学院生。男性。専攻は教育学。現在はアメリカ・カナダ大学連合日本研究センターで日本語，及び日本の教育について勉強している。来日は２度目だが，前回は旅行で，１年間日本に住むのは初めてである。幸い，センターの紹介で，ある会社の寮に入ることができたので，日本人と話すチャンスもある。

A 25-year old American graduate student. Male. Specializing in education. Presently studying Japanese at the Inter-University Center and researching Japanese education. This is his second trip to Japan but his first extended stay there. Luckily Mr. Smith was able, through the auspices of the Center, to live in a Japanese company dormitory and he thus has many opportunities to converse with native Japanese speakers.

＊山本　Mr. Yamamoto

30歳の独身サラリーマン。スミスと同じ寮で，何かとスミスの面倒を見てくれている。日本棋院を教えてくれたのも，碁をやる自分の上司，小林課長の家へスミスを連れて行ってくれたのもこの山本である。

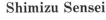

A 30-year-old unmarried office worker. He lives in the same dorm as Mr. Smith and often helps him out. He told Mr. Smith about the Nihon Kiin and went with him to the home of Mr. Kobayashi, his boss with a special interest in *go*.

＊清水先生　Shimizu Sensei

日本研究センターの先生。女性。37歳。グループ・リーディングでスミスが教えていただいた先生。

A teacher at the Inter-University Center. Female. 37 years old. She is the teacher of Mr. Smith's Group Reading class.

＊田中　Ms. Tanaka

日本研究センターの受付の女性。22歳。学生にいろいろな情報を教えたり，質問に答えたり，親切に学生の面倒をみている。

The receptionist at the Inter-University Center. Female. 22 years old. She kindly looks after the students at the Center, answering their questions and providing them with information in various areas.

＊大木　Mr. Ohki

27歳の大学院生。男性。専攻はスミスと同じ教育学。ニューヨークのコロンビア大学に留学していたこともあり，スミスとはその時以来の友人である。

A 27-year-old graduate student. Male. His specialty is education, like Mr. Smith. He studied in New York at Columbia University and became friends with Mr. Smith then.

*山田景子
やまだけいこ　Miss Keiko Yamada

26歳の会社員。女性。英語や碁を習っている。スミスが日本棋院に初めて行った日に出会い，ときどき言葉を交わすようになった。山田がスミスを能に誘ってくれたのがきっかけで，2人はいっしょに食事をしたり，映画を見たりしている。

A woman office worker. 26 years old. She takes English and *go* classes. Mr. Smith met her the first time he went to the Nihon Kiin and they became friendly. After she invited him to a Noh performance, they started to have meals together, go to movies, and so on.

*木村先生
きむらせんせい　Professor Kimura

横浜大学の比較教育学の教授。50歳。スミスが自分のクラスの聴講に来ているのを，スミスにも，日本人の学生たちにも，おたがいにいい刺激になると考えている。

The professor teaching the class in comparative education that Mr. Smith is auditing at Yokohama University. 50 years old. He was happy to have Mr. Smith in his class for the mutual benefit and stimulation of both Mr. Smith and the Japanese students.

*小林課長／小林夫人
こばやしかちょう　こばやしふじん　Mr. Kobayashi and his wife

スミスが寮に入れてもらっている会社の課長で，寮の先輩である山本の直接の上司。碁が好きで，スミスを自宅に招いて対局し，上達ぶりに驚く。

An employee of the company whose dorm Mr. Smith is living in and Mr. Yamamoto's immediate superior. He enjoys playing *go* and invited Mr. Smith to his home. They played *go* together and he was surprised at Mr. Smith's improvement.

*島岡
しまおか　Mr. Shimaoka

横浜大学の大学院生。教育学専攻。26歳の男性。スミスが文語の資料を読むのにわからない点を教えてくれる人を探していた時，木村先生が紹介してくれた。

A graduate student at Yokohama University. Specializing in education. 26 years old. Male. When Mr. Smith wanted someone to help him with points he didn't understand in texts written in classical Japanese, Professor Kimura introduced him to Mr. Shimaoka.

*田島先生
たじませんせい　Mr. Tajima

日本棋院の先生。スミスが通っている初級コースを担当している。

A *go* teacher of the Nihon Kiin. He is in charge of the elementary course which Mr. Smith is attending.

第 1 部

104に電話番号を問い合わせる
いちれいよん　でんわばんごう　と　あ
Calling directory assistance (104)

●このユニットのねらい●
Unit Goals

◎104に電話番号を問い合わせることができる。（電話のかけ方）
Asking for telephone numbers from the operator at 104 (talking on the telephone)

・住所や人の名前の漢字が説明できる。
Explaining the kanji for names and addresses

・104の答えが正しく聞ける。
Understanding the replies of the operator

基本会話 Key Dialogue　

テープの基本会話をよく聞いて、スミスの部分がすらすら言えるように練習しなさい。
Listen to the tape and practice the part of Mr. Smith until you can say it smoothly.

１０４：　お待たせしました。104です。

スミス：　<u>あのう、すみませんが、</u>＜はい＞　日本棋院<u>というところの</u>電話番号をお願いします。

１０４：　はい、住所はおわかりですか。

スミス：　いいえ、わからないんですが……。

１０４：　ええと、どういう字を書きますか。

スミス：　はい、あのう、<u>日本棋院のキは将棋のギで、</u>＜将棋のギ＞　はい、<u>インは病院のインです。</u>

１０４：　はい、将棋のギに病院のイン、＜はい＞　日本棋院ですね。＜ええ、そうです＞　少々お待ちください。＜はい＞　…………もしもし、＜はい＞　お待たせしました。日本棋院は03の3261の　＜3261の＞　1515です。＜1515です

＊住所	じゅうしょ	address
＊日本棋院	にほんきいん	[an association of *go* players]
＊将棋	しょうぎ	a game like chess
＊病院	びょういん	hospital

> ね＞はい。
>
> スミス：　どうもありがとうございました。
>
> １０４：　どういたしまして。

言いかえ練習　Variation Drill

_____のところに下の１～５の言葉を入れて、練習しなさい。
Practice the sentence pattern in the box, filling in the blank with the phrases below.

> あのう、すみませんが、_____（というところ）の電話番号をお願いします。

1．東京国立博物館　　　2．国文学研究資料館　　　3．東洋文庫

4．国立国会図書館　　　5．国際交流基金

```
┌─── 104とは  Directory Assistance (104) ───┐

  104とは、番号をさがしたい時かける全国共通の電話番号です。

  ここにかければ全国どこの電話番号も調べることができます。

  104 is the number for directory assistance throughout Japan. You can obtain any
  number in Japan by dialing 104.

└──────────────────────────┘
```

＊東京国立博物館	とうきょうこくりつはくぶつかん	Tokyo National Museum
＊国文学研究資料館	こくぶんがくけんきゅうしりょうかん	National Institute of Japanese Literature
＊東洋文庫	とうようぶんこ	The Toyo Bunko (Oriental Library)
＊国立国会図書館	こくりつこっかいとしょかん	The National Diet Library
＊国際交流基金	こくさいこうりゅうききん	The Japan Foundation
＊全国共通	ぜんこくきょうつう	the same across the nation

練　習 Drills

タスク・リスニングA Listening Task A 📼

テープのタスク・リスニングを聞き、どこの電話番号をたずねているか、それは何番だったか、表に書き込みなさい。

Listen to the tape and fill in the names of the telephone numbers asked for and then the telephone numbers given by the operator.

	どこの電話番号をたずねていますか	それは何番でしたか
1		
2		
3		
4		
5		

タスク・リスニングB (テープには、はいっていません。)　Listening Task B (not on the tape)

次の電話番号をたずねる練習をしなさい。先生が104の係の人になって答えます。
Ask for the following telephone numbers. Your teacher will play the role of the operator.

1．ホテル・オークラ

2．国文学研究資料館

3．港区六本木4-5-18　河村洋子さん

4．中区の山本功二さん（住所はわかりません）

練習会話 Supplementary Dialogues 🔲

テープの練習会話をよく聞いて、スミスの役ができるように練習しなさい。

Listen to the conversations on the tape and practice the part of Mr. Smith.

①銀座にあるヤマハ楽器の電話番号をたずねる
● Asking for the number of the Ginza Yamaha store selling musical instruments

スミス： すみませんが、銀座にあるヤマハっていう楽器店の電話番号を知りたいんで
すが……。＜少々お待ちください＞

１０４： ただいまお調べしております。メモの用意をしてお待ちください。…………
お待たせしました。6丁目のヤマハですね。＜はい＞ その方は、3572-3132
です。

スミス： 3572-3132ですね。＜はい、そうです＞ どうもありがとうございました。

１０４： どういたしまして。

②友達の電話番号をたずねる ● Asking for a friend's number

１０４： お待たせしました。104です。

スミス： すみませんが、港区南麻布の白鳥麗子さんの電話番号をお願いします。

１０４： はい、少々お待ちください。
お待たせしました。あの、その方のお名前では見当たりませんが、くわしい
番地はおわかりですか。

スミス： はい、えー、南麻布3-7-1です。

１０４： えーと、白鳥総一郎さんのお名前で出ておりますが……。

スミス： はい、たぶんそうだろうと思います。

１０４： はい、その方は、3451-4321です。

スミス： 3451-4321ですね。＜はい＞ どうもありがとうございました。

１０４： いいえ。

＊楽器店	がっきてん	musical instrument shop
＊見当たる	みあたる	to be found

部分練習 Supplementary Practice

電話で自分(じぶん)の住所(じゅうしょ)・名前(なまえ)を相手(あいて)にわかるように説明(せつめい)しなさい。
While talking on the telephone explain to someone your name and address.

例）　「私(わたし)の住所(じゅうしょ)は、郵便番号(ゆうびんばんごう)221、横浜市(よこはまし)、神奈川区(かながわく)、神奈川県(かながわけん)の神奈川です。神奈川区、

カンダイジ、神様(かみさま)の神という字(じ)に大(おお)きい寺(てら)と書(か)きます。神大寺(かんだいじ)、212の8、菊池方(きくちかた)、

キクチのチは池(いけ)の方(ほう)です。あのう、それで名前はカール・シーゲルと申(もう)します。カー

ル・シーゲルです。カールはＣ・Ａ・Ｒ・Ｌで、シーゲルはＳ・Ｉ・Ｅ・Ｇ・Ｅ・Ｌです。」

“My address is Kanagawa-ku — Kanagawa as in Kanagawa Prefecture — in Yokohama City and the postal number is 221. And then it's Kandaiji in Kanagawa-ku — the ‘*kan*’ of Kandaiji is written with the ‘*kami*’ of ‘*kamisama*,’ the ‘*dai*’ is ‘*ookii*,’ and the ‘*ji*’ is ‘*tera*.’ That's 212-8 Kandaiji care of Mr. Kikuchi — the ‘*chi*’ of Kikuchi is written with the kanji for ‘*ike*.’ And my name is Carl Siegel. Carl is C-A-R-L and Siegel is S-I-E-G-E-L.”

クイズ Quiz

さて、次の電話番号はどんなときに使(つか)う番号でしょうか。

When would you use the following telephone numbers?

|１１０|１１７|
|１１９|１７７|

会 話 文 Dialogues 📼

本文のテープをよく聞きなさい。そして、下線の部分がテープと同じように言えるよう
にしなさい。

Listen carefully to the tape. Practice until you can say the underlined sentences the same as on the tape.

場面1．先輩に碁を教えてくれるように頼む ● Asking a sempai to teach one how to play *go*

登場人物：スミス（日本研究センターの学生、26歳）

山本（寮の先輩、30歳）

場　　所：寮の娯楽室

（碁を打っている寮生たち。そばで見ているスミス。そこへ山本が来る。）

山　本：　どう、面白い？

スミス：　えっ、ああ、山本さん。山本さんは、碁なんかなさいますか。

山　本：　うん、少しならね。

スミス：　そうですか。実は僕、ずっと前から誰かにちゃんと習いたいと思っていたん
　　　　　です。＜ふうん＞ <u>もし、ご迷惑でなかったら、教えてくださいませんか。</u>

山　本：　ええっ、冗談じゃないよ。そんな、人に教えられるほど、うまくはないよ。

スミス：　そうですか。＜うん＞ <u>どこかにいい先生、いないでしょうか。</u>

山　本：　そうだねえ、うーん、日本棋院かどこかに聞いてみたらどう？

スミス：　日本キイン？

山　本：　うん。あそこにコースがあるんじゃないかな。

スミス：　<u>あのう、それ、どこにあるか、ご存じですか。</u>

山　本：　<u>たしか、市ヶ谷あたりにあったと思うけど。</u>＜市ヶ谷……＞ でも、まず電話

＊先輩	せんぱい	senior (at work, school, etc.)
＊寮	りょう	dormitory
＊娯楽室	ごらくしつ	recreation room
＊碁を打つ	ごをうつ	to play *go*
＊迷惑	めいわく	trouble, bother
＊冗談	じょうだん	joke
＊市ヶ谷	いちがや	[place name]
＊〜あたり		the neighborhood of〜

　　　　　してみたらどう？

スミス：　そうですね。でも、電話番号がわからないんで……。

山　本：　僕も知らないなあ。104で聞いてみれば？

スミス：　あ、そうですね。

場面2．104に問い合わせる　● Calling 104

登場人物：スミス

104

１０４：　お待たせしました。104です。

スミス：　<u>あのう、すみませんが、</u><はい>　日本棋院<u>というところの</u>電話番号を<u>お願</u>
　　　　　<u>いします</u>。

１０４：　はい、住所はおわかりですか。

スミス：　いいえ、わからないんですが……。

１０４：　ええと、どういう字を書きますか。

スミス：　はい、あのう、<u>日本棋院のキは将棋のギで、</u><将棋のギ>　はい、<u>インは病</u>
　　　　　<u>院のインです</u>。

１０４：　はい、将棋のギに病院のイン、<はい>　日本棋院ですね。<ええ、そうで
　　　　　す>　少々お待ちください。<はい>　……………もしもし、<はい>　お待
　　　　　たせしました。日本棋院は03の3261の　<u><3261の></u>　1515です。<u><1515です</u>
　　　　　<u>ね></u>　はい。

スミス：　<u>どうもありがとうございました</u>。

１０４：　どういたしまして。

場面3．間違い電話をかけてしまう　● A wrong number

登場人物：スミス

女の人

スミス：　もしもし、＜はい＞　日本棋院ですか。

女の人：　は？

スミス：　あのう、囲碁の日本棋院じゃありませんか。

女の人：　いいえ、違いますよ。

スミス：　あっ、どうもすみません。＜いいえ＞　あのう、<u>失礼ですけど3261-1515じゃ</u>
<u>ありませんか</u>。

女の人：　いいえ、うちは3261-1525です。

スミス：　<u>あ、どうも失礼いたしました。</u>

女の人：　いいえ。

＊間違い電話	まちがいでんわ	wrong number
＊囲碁	いご	(game of) *go*

応用練習 Application Exercises

クラスで、次の電話番号を調べるため104に電話する練習をしなさい。先生が係の人に
なって答えます。一人の学生が電話をかける練習をしている間、ほかの学生は先生が答
える104の番号を聞き取りなさい。

Practice calling 104 for the following numbers. Your teacher will be the operator. While one student is talking with the
operator the other students should write down the numbers given by the teacher.

1. 名画を見たいので、中央区銀座並木通りの並木座の電話番号を知りたい。

2. 能を見たいので、水道橋の宝生能楽堂の電話番号を知りたい。

3. 港区六本木の国際文化会館で講演があるので、電話番号を知りたい。

4. 千代田区紀尾井町の国際交流基金で映画があるので、電話番号を知りたい。

5. 本をさがしているので、神田の三省堂の電話番号を知りたい。

6. 日本の民家に興味があるので、川崎の民家園の電話番号を知りたい。

7. その他、自分の知りたい電話番号があったら、104に電話して、電話番号を聞きな
   さい。

＊名画	めいが	an excellent film
＊並木座	なみきざ	[name of a movie theater]
＊能	のう	Noh play
＊宝生能楽堂	ほうしょうのうがくどう	[name of a Noh theater]
＊国際文化会館	こくさいぶんかかいかん	The International House of Japan
＊講演	こうえん	lecture
＊三省堂	さんせいどう	[name of a bookstore]
＊民家(園)	みんか(えん)	(a park of) private houses
＊興味	きょうみ	interest

ユニット2

公共施設などに電話をして自分に必要な情報を得る
Telephoning public institutions and asking for information

●このユニットのねらい●
Unit Goals

◎公共施設などに電話をして、自分に必要な情報を得ることができる。
Telephoning a public institution for information

・道を聞くことができる。
Asking for directions

基本会話 Key Dialogue

テープの基本会話をよく聞いて、スミスの部分がすらすら言えるように練習しなさい。
Listen to the tape and practice the part of Mr. Smith until you can say it smoothly.

（日本棋院に問い合わせる）

担当者：　もしもし、お電話代わりました。

スミス：　もしもし、<はい> あのう、碁のクラスのことでお電話したんですが。<はい> あのう、そちらには初心者のコースというのもありますでしょうか。

市ヶ谷にある日本棋院

＊公共施設	こうきょうしせつ	Public institution
＊初心者	しょしんしゃ	beginner

● 言いかえ練習 Variation Drill

カルチャーセンターに電話して、次のような表現を使って自分の習いたいコースについて、たずねなさい。

Telephone a "culture center" and use the phrases below to inquire about a course you are interested in taking.

あのう、ちょっとうかがいますが、＿＿＿＿＿＿＿でしょうか。

---

1. ……のコースはあるか

2. いつあるか

3. 費用はいくらぐらいかかるか

4. 場所はどこか

5. 申し込みの手続きはどうすればよいか

| ＊費用 | ひよう | expenses |
| ＊手続き | てつづき | procedure |

練　習 Drills

タスク・リスニングA Listening Task A

テープのタスク・リスニングを聞いて、どこに電話したか、どんな情報がわかったかを、下の表に書き入れなさい。

Listen to the tape and then write in the spaces below the names of the places telephoned and a summary of the information received.

	どこに電話しましたか	どんな情報がわかりましたか
1		
2		
3		
4		

● タスク・リスニングB (テープには、はいっていません)　　Listening Task B (not on the tape)

1. 水泳ができる場所をさがしています。クラスで、YMCA横浜中央に電話で問い合わせる練習をしなさい。先生がYMCAの係の人になります。

You are looking for a place to swim. Practice telephoning the Yokohama Central YMCA for information. Your teacher will be the YMCA.

a	時　間	
b	料　金	
c	手続き	
d	手続きに必要なもの	

2. 秋休みにアメリカへ一時帰国したいので、再入国手続きについて、入国管理局に問い合わせます。クラスで、入国管理局に電話で問い合わせる練習をしなさい。先生が入国管理局の係の人になります。

Telephone the Immigration Office and ask what paperwork is necessary for returning to Japan after a short trip back to the United States during autumn vacation. Your teacher will be the Immigration Office.

a	手続きに必要なもの	
b	受付時間	
c	費　用	
d	その他（待ち時間、行き方など）	

＊一時帰国	いちじきこく	temporary return to one's country
＊再入国手続き	さいにゅうこくてつづき	reentry procedure
＊入国管理局	にゅうこくかんりきょく	Immigration Office

15

練習会話 Supplementary Dialogues

テープの練習会話をよく聞いて、スミスやホワイトの役（やく）ができるように練習しなさい。
Listen to the conversations on the tape and practice the part of Mr. Smith or Miss White.

①国際文化会館に電話して、講演について聞く
こくさいぶん か かいかん
● Telephoning the International House and asking about a lecture

係： はい、国際文化会館でございます。

スミス： あのう、ちょっとうかがいますが、＜はい＞ 実は、明日の講演のことでお電話したんですが。

係： はい、何でしょうか。

スミス： あのう、私、横浜の日本研究センターのスミスと申しますが、＜はい＞ 明日、そちらで荒木先生の講演があると聞いたんですが。＜はい、ございます＞ それで、ぜひ出席したいんですが、申し込みが必要でしょうか。

係： いえ、明日直接いらしてくださって結構ですよ。

スミス： そうですか。

係： はい、2時からですから。

スミス： では明日うかがいます。

係： はい、お待ちしております。

スミス： どうもありがとうございました。

②図書館に電話して、利用資格を聞く
と しょかん　　　　　　　りよう
● Telephoning a library and inquiring about its regulations

係： はい、市立図書館です。

ホワイト： あのう、そちらの利用方法についてちょっとうかがいたいんですが。

係： はい、どんなことでしょう。

ホワイト： そちらを利用したいと思っているんですが、何か、資格が必要ですか。

＊講演	こうえん	lecture
＊出席する	しゅっせきする	to attend
＊申し込み	もうしこみ	application
＊直接	ちょくせつ	directly
＊資格	しかく	requirement, qualification

係：　　　いえ、市内に住んでいる方、または、市内の学校や会社に通っている方なら、どなたでもご利用になれます。

ホワイト：　あ、そうですか。それで、本を借りたいときは、何か必要ですか。

係：　　　ええ、何か住所を確認できるものをお持ちくだされば、貸し出しカードをお作りしますから。

ホワイト：　あのう、私はアメリカ人なんですが、外国人登録証でもいいでしょうか。

係：　　　ええ、かまいません。

ホワイト：　わかりました。どうもありがとうございました。

係：　　　はい、失礼します。

＊通う	かよう	to attend
＊確認する	かくにんする	to confirm, to identify
＊貸し出しカード	かしだしカード	library card

会 話 文 Dialogues 📼

本文のテープをよく聞きなさい。そして下線の部分がテープと同じように言えるように
しなさい。
Listen carefully to the tape. Practice until you can say the underlined sentences the same as on the tape.

場面4. 日本棋院に電話で問い合わせる ● Telephoning the Nihon Kiin

登場人物：スミス

日本棋院の受付

担当者

スミス： もしもし、日本棋院ですか。

受　付： はい、日本棋院です。

スミス： <u>あのう、ちょっとお尋ねしますが、</u>＜はい＞ 実は、碁を習いたいと思ってい
るんですが、＜はい＞ そちらに何かコースがありますか。

受　付： ええ、ありますよ。ちょっとお待ちください、＜はい＞ 担当の者に代わりま
すから。＜はい＞

担当者： もしもし、お電話代わりました。

スミス： もしもし、＜はい＞ あのう、碁のクラスの<u>ことでお電話したんですが。</u>＜は
い＞ <u>あのう、</u>そちらには初心者のコースというのもありますでしょう<u>か</u>。

担当者： ええ、あのう、ありますけど、ルールはご存じですか。

スミス： いえ、あまりよくは知りません。

担当者： そうですか。それでしたら、入門コースというのから始めていただくことに
なっておりますが。

スミス： ああ、そうですか。＜ええ＞ それは、週1回ですか。

担当者： いえ、あの、毎月第4火曜日から連続4日間のコースなんです。

スミス： はあ、あのう、昼間ですか。

＊受付	うけつけ	receptionist
＊担当者/担当の者	たんとうしゃ/たんとうのもの	the person in charge
＊入門コース	にゅうもんコース	introductory course
＊連続	れんぞく	running, consecutive, in a row

担当者： いいえ、あの、夕方6時から9時までです。＜はあ、6時から9時まで＞ はい、当日受け付けますので、＜はい＞ 6時までにこちらにいらっしゃって申し込んでください。

スミス： はい、6時までですね。それで、おいくらでしょうか。

担当者： えーとですね、入門コースは5,500円です。

スミス： 5,500円。＜はい＞ えーと、第4火曜日から ＜はい＞ 金曜日まで ＜はい＞ 4日間で5,500円ですね。

担当者： はい、そうです。

スミス： それで、そちらは市ヶ谷のどこにあるんでしょうか。

担当者： はい、あの市ヶ谷駅はご存じですか。

スミス： はい、知ってます。

担当者： あの、市ヶ谷駅の改札口を出まして ＜はい＞ 御茶ノ水に向かって右側の方をご覧になりますと、＜ええ＞ 日本棋院と書いた黒っぽいビルが見えますから、＜はい＞ すぐわかると思います。

スミス： ああ、そうですか。＜はい＞ えーと、御茶ノ水に向かって右側ですね。＜はい、そうです＞ はい、わかりました。＜はい＞ どうもありがとうございました。

担当者： いいえ、ではお待ちしております。

スミス： はい、じゃ、失礼します。

担当者： はい、ごめんください。

＊当日	とうじつ	on that day, the day in question
＊改札口	かいさつぐち	wicket, ticket gate
＊御茶ノ水	おちゃのみず	[name of a station]
＊黒っぽい	くろっぽい	blackish, dark-colored

場面5．道を聞く　● Asking for directions
みち　き

登場人物：スミス

通行人1、通行人2
つうこうにん

場　　所：市ヶ谷駅の近く
ちか

スミス：　あのう、すみません。

通行人1：　はい。

スミス：　ちょっとおききしたいんですが。

通行人1：　はい。

スミス：　「日本棋院」という所に行きたいんですが……。

通行人1：　ニホンキイン……？さあ。私もこの辺はよく知らないんですけど。

スミス：　あっ、そうですか。

通行人1：　すみません。お役に立てなくて。

スミス：　いいえ。どうも。

＊　　　　＊　　　　＊

スミス：　あのう、すみませんが。

通行人2：　はい。

スミス：　この近くに「日本棋院」というビルはないでしょうか。

通行人2：　碁の日本棋院ですか。

スミス：　はい。

通行人2：　ああ、それならね、方向としては向こうの方になるんですよ。

スミス：　ああ。

通行人2：　だから、この先に駅が見えるでしょう。＜はい＞　あの駅の前に信号がありま
　　　　　すから、それを渡って、＜はい＞　えーと、すぐ三菱銀行があったと思いま
　　　　　す。

＊役に立つ	やくにたつ	to be useful
＊方向	ほうこう	direction
＊先	さき	away, ahead
＊信号	しんごう	signal, traffic light
＊渡る	わたる	to cross
＊三菱銀行	みつびしぎんこう	Mitsubishi Bank

スミス： 三菱銀行ですね。

通行人2： ええ、確かそうです。＜はい＞　それで、その三菱銀行の手前の路地を40メー
トルぐらい行くと右側に日本棋院があります。黒っぽい大きなビルだから、
すぐわかると思いますよ。

スミス： はい、わかりました。どうも、ありがとうございました。

通行人2： いえいえ。

場面6．日本棋院で囲碁のコースについて尋ねる　● Asking about *go* courses at the Nihon Kiin

登場人物：スミス

囲碁のコースの担当者

場　　所：日本棋院の5階

スミス： <u>あのう、すみませんが……</u>。

担当者： はい。

スミス： <u>こちらに、碁のクラスがあるとうかがって来たんですが……</u>。

担当者： はい、コースはいろいろありますが。

スミス： ああ、そうですか。<u>この入門コースというのはどの程度ですか。</u>

担当者： ええ、こちらは全くゼロの方を対象にしていますから、少しでもご存じでし
たら、このコースを受講なさる必要はないと思いますよ。

スミス： ああ、そうですか。

担当者： あの、もしよろしかったら、毎週木曜日の夕方には、外国の方がこちらの部
屋に集まっていらっしゃいますから、一度いらしてみたらどうですか。

スミス： ああ、そういう会があるんですか。

担当者： はい。碁の普及のためにやってるんですよ。

＊確か	たしか	I suppose if I am not mistaken
＊手前	てまえ	this side
＊路地	ろじ	alley
＊程度	ていど	level（of difficulty）
＊対象	たいしょう	target
＊受講する	じゅこうする	to take a course
＊普及	ふきゅう	promotion, popularization

スミス： ああ、そうですか。＜はい＞ 毎週木曜日ですね。

担当者： ええ、だいたいみなさん、5時すぎぐらいからいらっしゃいます。

スミス： ああ、そうですか。<u>じゃ、一度、木曜日にうかがってみます。</u>どうもありが
とうございました。

担当者： いいえ、どういたしまして。あっ、こちらの部屋でみなさん碁を打っていらっ
しゃいますから、よろしかったら、どうぞ見ていらしてください。

スミス： はい。ありがとうございます。

市ヶ谷駅前

応用練習 Application Exercises

1. 次の施設を利用したい時、電話をして必要なことを聞く練習をしなさい。クラスでは
   先生が施設の人になって答えます。
   Call the following institutions and ask about using their facilities. Your teacher will answer for the institution.

施設	場所	利用日/時間 び じかん	休館日 きゅうかん び	料金 りょうきん	条件など じょうけん
横浜YMCAの プール					
横浜開港 資料館					
県立神奈川 けんりつ か ながわ 近代文学館					
外務省 外交史料館					
三溪園					

＊施設	しせつ	institution, facility
＊利用する	りようする	to make use of
＊開港資料館	かいこうしりょうかん	Opening Port Memorial Hall
＊近代文学館	きんだいぶんがくかん	Museum of Modern Literature
＊外務省外交史料館	がいむしょうがいこうしりょうかん	Diplomatic Record Office of Foreign Ministry
＊三溪園	さんけいえん	Sankeien Garden

2. 秋休みに京都へ行きたいと思っています。夜、出発する夜行バスが安くて便利だと聞きました。クラスでは先生が予約係になりますから、電話で必要なことを聞いて、予約するかどうか決めなさい。

You want to go to Kyoto during fall vacation and you've heard that the night bus is cheap and convenient. Telephone and ask about the bus and then decide whether or not to make reservations. Your teacher will play the role of the bus agent.

	片道の料金	出発時間	出発場所	到着場所	予約する/しない
ハイウェイバス ドリーム号					
ハーバーライト 京都号					

3. 情報誌「ぴあ」を見て、自分が行きたいコンサートをさがし、下の欄を埋めなさい。クラスでは先生が予約センターの人になりますから、切符を注文する練習をしなさい。

Look in the magazine "Pia" for a concert you'd like to attend and then fill in the blanks below. Call and order tickets; your teacher will play the part of the booking center.

	（例）	あなたが行きたいコンサート
コンサート名	N響 室内合奏団	
日　時	10月28日 7時	
料　金	S：5,000 A：4,000 B：3,000	
場　所	サントリーホール	

聞くこと　Things to ask

a） 空席状況（満席か、まだ空席があるか）　whether or not there are any seats available

b） 支払い方法と切符の受け取り方法　the method of payment and of picking up the tickets

♫ MUSIC

はみだしYOUとPIA　『カラオケポップス歌唱法』（NHK教育）で最後に中村泰士の指揮付きカラオケビデオが流れるが、これに合わせ

楽団
ール〔MAP①〕
レ　B-4000
000
ービス
せ先でのみ

子(p)
〔原宿〕7:00PM
03(3465)6115

ション・
ィバル
:00PM
0:00AM
大学生-1000
ー〔新百合ヶ丘
事務局

グ交響楽団

ト200年記念
ルス2
日記念ホール
0PM チケぴ
務部
内 285

ィルハーモニー

毛子(p)
センター3F
3:00PM
生-600
45(472)5151

8日(日)
ゴレリッチ(p)

1000円（全席自由）
室之園☎0424(87)1841

31 モスクワ・フィルハーモニー交響楽団
▶5月17日(金) 7:00PM
伊勢原市民文化会館〔伊勢原〕
指マリス・ヤンソンス　独アン=アキコ・マイヤース(vl)
S-8000　A-7000　B-6000　C-5000
伊勢原市民文化会館事業協会
☎0463(92)2300
▶5月18日(土) 6:00PM チケぴ
東京芸術劇場〔池袋〕
指½と同　独ボリス・ベレゾフスキー(p)
S-12000　A-10000　B-8000　C-6000　D-4000
ジャパン・アーツ
☎03(3499)9990

5月18日(土)

32 県立愛川高校吹奏楽部
愛川町文化会館〔本厚木〕
2:30PM　無料
県立愛川高校☎0462(86)2871

33 池田みゆき(fl)
モーツァルトサロン〔新宿三丁目〕7:00PM
2000円（ドリンク付）
エス・クリエイト
☎03(3836)7627

34 オペラ「イル・トロヴァトーレ」
サントリーホール〔MAP⑤〕
6:30PM
指ロベルト・パータノストロ　独マリア・グレゴリーナ(S)／レナート・ブルソン(Br)／他　管東京フィルハーモニー交響楽団
S-15000　A-13000　B-10000　C-8000
サントリーホールチケットセンター☎03(3584)9999

35 ザルツブルク・モーツァルテウム管弦楽団
グリーンホール相模大野

昭和女子大学人見記念講堂〔MAP⑬〕
指½と同
▶5月19日(日) 6:00PM チケぴ
オーチャードホール〔MAP①〕
指½と同
▶5月20日(月) 7:00PM チケぴ
サントリーホール〔MAP⑤〕
指½と同
S-15000　A-13000　B-11000
C-9000　D-5000
梶本音楽事務所
☎03(3289)9999

25 ピンカス・ズッカーマン(vl)
▶5月17日(金) 7:00PM チケぴ
▶5月22日(水) 7:00PM チケぴ
東京芸術劇場〔池袋〕
S-7000　A-5500　B-4000
C-2500　学生-1000
高柳音楽事務所
☎03(3353)2242
※学生券は、問合せ先でのみ発売。

26 フィオレンツァ・コソット(Ms)
昭和女子大学人見記念講堂〔MAP⑬〕 7:00PM チケぴ
指ニーノ・ボナボロンタ　管東京フィルハーモニー交響楽団
S-15000　A-12000　B-9000
C-売切れ
読売新聞社文化事業部
☎03(3820)6011

27 フレッシュ・コンサート
▶5月17日(金) 6:45PM
独長島潤(T)／他
▶5月20日(月) 6:45PM
独谷川明(p)／他
バリオホール〔本郷三丁目〕
2000円（全席自由）
ソレイユ音楽事務所
☎0427(28)0099

28 ペガサス・パーティー
都市センターホール〔麹町〕
7:00PM
独ボフスラフ・マトゥシェック(vl)／他
4000円（全席自由）
日本交響楽協会
☎03(3496)0959

スペースα☎03(3297)6666
※応募は、締切りました。

16 佐藤光(vc)
カザルスホール〔MAP⑩〕
7:00PM
指-売切れ　自-3500
高柳音楽事務所
☎03(3353)2242

17 ザルツブルク州立歌劇場
➡5 チケぴ

18 荘村清志(g)
成増アクトホール〔成増〕
7:00PM
前-2500　当-2800
板橋区文化振興財団
☎03(3579)2264

19 鷲見知子(porg)
雲南坂教会〔虎ノ門〕
7:00PM チケぴ
1500円（全席自由）
飯☎0423(75)2853

20 舘市正克(vl)
東京文化会館（小）〔MAP⑨〕
7:00PM チケぴ
3500円（全席自由）
日本アーティストマネージメント☎03(3293)1951

21 ナルシソ・イエペス(g)
神奈川県立音楽堂〔桜木町〕
7:00PM チケぴ
S-5500　A-4500　B-3500
サウンドポート
☎045(243)9999

22 日本フィルハーモニー管弦楽団
日比谷公会堂〔日比谷〕
7:00PM チケぴ
指平井哲三郎
3500円（全席指定）
文藝プロダクション
☎03(3376)6006

23 ニューシティ管弦楽団
北とぴあ〔王子〕 7:00PM チケぴ

▶5月19日(日) 3:00PM チケぴ
千葉県文化会館〔千葉〕
指½と同
S-13000　A-11000　B-8000
C-5000
時空創造☎03(3491)9999

8 ボストン・チェンバー・プレイヤーズ
▶5月16日(木) 7:00PM チケぴ
昭和女子大学人見記念講堂〔MAP⑬〕
▶5月21日(火) 7:00PM チケぴ
サントリーホール〔MAP⑤〕
S-6000　A-5000　B-4000
C-3000
梶本音楽事務所
☎03(3289)9999

9 山城美代子(S)
サントリーホール（小）〔MAP⑤〕
4000円（全席自由）
ソレイユ音楽事務所
☎0427(28)0099

10 読売日本交響楽団
サントリーホール〔MAP⑤〕
7:00PM チケぴ
指ステファン・ラノ
読売日響テレホンサービス
☎03(3820)5841
※前売チケットは、売切れ。

5月17日(金)

11 内田光子(p)
サントリーホール〔MAP⑤〕
7:00PM チケぴ
S-9000　A-7000　B·C-売切れ
梶本音楽事務所
☎03(3289)9999

12 NHK交響楽団
➡3 チケぴ

13 オーケストラ・クリサンティモン
こまばエミナース〔駒場東大前〕
6:30PM チケぴ
3000円（全席自由）
オーケストラ・クリサンティ

コンサート案内のページ
（「WEEKLY ぴあ」より）

「WEEKLY ぴあ」

電話で欠席や遅刻の連絡をする
(でんわ) (けっせき) (ちこく) (れんらく)
Telephoning in the case of lateness or absence

---●このユニットのねらい●---
Unit Goals

◎電話で欠席・遅刻を届けることができる。

Telephoning to say one will be late or absent

・報告をかねてお礼を言うことができる。
 (ほうこく) (れい) (い)

Expressing gratitude while reporting back later

基本会話 Key Dialogue

テープの基本会話をよく聞いて、スミスの部分がすらすら言えるように練習しなさい。
 (きほんかいわ) (ぶぶん) (い) (れんしゅう)
Listen to the tape and practice the part of Mr. Smith until you can say it smoothly.

スミス：	もしもし、＜はい＞ あ、あのう、今晩の初級コースの田島先生いらっしゃいますか。
担当者：	ええと、田島先生はまだお見えになっていませんが。
スミス：	あ、そうですか。＜はい＞ じゃ、<u>おことづけをお願いできますか</u>。
担当者：	はい、どうぞ。
スミス：	あのう、私、初級コースのスミスですが。
担当者：	あ、スミスさん。
スミス：	はい、あのう、実は今日、＜はい＞ 風邪をひいてしまいまして、＜ええ＞ 今晩のクラス、<u>休ませていただきたいと思うんですが</u>。
担当者：	あ、そうですか。
スミス：	すみませんが、田島先生に<u>どうぞよろしくお伝えください</u>。

＊欠席	けっせき	absence
＊遅刻	ちこく	being late for school
＊届ける	とどける	to report
＊〜をかねて		together with〜
＊（お）ことづけ		message
＊風邪をひく	かぜをひく	to have a cold

担当者： はい。えーと、風邪でお休みということですね。＜はい＞ わかりました。

お伝えしておきます。

スミス： どうぞよろしくお願いします。

言いかえ練習 Variation Drill

＿＿＿＿＿＿のところに下の１～５の理由を入れて練習しなさい。

Practice the sentence pattern in the box, filling in the blank with the phrases below.

＿＿＿＿＿＿＿＿＿＿＿＿、今晩のクラス、休ませていただきたいと思うんですが。

1．熱が出てしまいまして、

2．けさからちょっと気分が悪いので、

3．ちょっと歯が痛いもんですから、

4．国から両親が来ていますので、

5．風邪をひいてしまいまして、

＊理由	りゆう	cause, reason
＊熱が出る	ねつがでる	to become feverish
＊気分が悪い	きぶんがわるい	to feel ill
＊歯が痛い	はがいたい	to have a toothache
＊国	くに	country, one's homeland
＊両親	りょうしん	parents

練 習 Drills

練習会話 Supplementary Dialogues

テープの練習会話をよく聞いて、スミスやホワイトの役ができるように練習しなさい。
れんしゅうかいわ　　　　　　　　　　　　　　　　　　　　　　　　　　　　　　　　　　　やく
Listen to the conversations on the tape and practice the part of Mr. Smith or Miss White.

①電話で遅刻を届ける　● Telephoning when one will be late

佐々木：　日本研究センターでございます。

スミス：　あの、スミスですが。

佐々木：　あ、スミスさん、おはようございます。

スミス：　おはようございます。<u>あのう、実は、アメリカからの国際電話を待っている
　　　　　んですけど。</u><はい>　<u>まだかかってきませんので、</u><ええ>　<u>ちょっと1時
　　　　　間目には間に合わないと思うんです。</u><そうですか>　<u>それで申し訳ありませ
　　　　　んが、小谷先生にそのようにお話しいただけませんか。</u>

佐々木：　はい、わかりました。お伝えしておきます。

スミス：　よろしくお願いします。

②電話で欠席を届ける（その1）　● Telephoning when one will be absent (1)

佐々木：　日本研究センターでございます。

ホワイト：　あのう、ホワイトですが。

佐々木：　あ、ホワイトさん。<はい>　どうかしましたか。

ホワイト：　え、<u>今、面接で丸の内に来てるんですが、ちょっと長びいてしまいまして、
　　　　　まだ終わらないんです。</u><あ、そうですか>　<u>それで、午後のクラスにも出ら
　　　　　れそうもないんで、清水先生にそうお伝えいただけませんか。</u>

＊国際電話	こくさいでんわ	international telephone call
＊面接	めんせつ	interview, oral examination
＊丸の内	まるのうち	[place name]
＊長びく	ながびく	to be prolonged

佐々木：　はい、わかりました。じゃ、面接、がんばってね。

ホワイト：　はい、どうも。

③電話で欠席を届ける（その2）　● Telephoning when one will be absent (2)

佐々木：　日本研究センターでございます。

スミス：　あ、スミスです。

佐々木：　あ、おはようございます。

スミス：　あのう、実は、アメリカの大学の先生が今、こちらにいらしてるんですが、<あ、そうですか> ええ、それで、いろいろ今後のことを相談することになりまして。<ええ> それで、今日一日、休ませていただきたいと思うんです。<はい、お休みですね> ええ、で、西田先生にそのようにお伝えいただけないでしょうか。

佐々木：　はい、わかりました。そうお伝えしておきます。

スミス：　よろしくお願いします。

④口頭で欠席を届ける　● Informing of an absence in person

ホワイト：　あ、斎藤先生。

斎藤先生：　あ、ホワイトさん。

ホワイト：　実はちょっと気分が悪くなってしまって。午後の授業、休ませていただきたいんですが。

斎藤先生：　大丈夫ですか。

ホワイト：　ええ、それで、明日の教材をいただけないかと思いまして。

斎藤先生：　あ、そうですか。ちょっと待ってくださいね。<はい> はい、どうぞ。

ホワイト：　ありがとうございます。お手数おかけしました。

＊口頭で	こうとうで	oral(ly)
＊教材	きょうざい	teaching material(s), text
＊手数をかける	てすうをかける	to trouble you

斎藤先生： いいえ、お大事に。

ホワイト： はい、失礼します。

⑤授 業のあとで遅刻の詫びを言う ● Apologizing after class for being late
じゅぎょう

スミス： あ、先生、今日は遅刻してしまいまして、申し訳ありませんでした。実は、
事故で電車が遅れてしまったんです。

坂上先生： あ、事故だったんですか。込んで大変だったでしょう。

スミス： ええ、もう、すし詰めで大変でした。

坂上先生： そうでしたか。

＊お大事に	ぉだいじに	Take care of yourself
＊詫び	わび	apology
＊事故	じこ	accident
＊遅れる	おくれる	to be late
＊込む	こむ	to be crowded
＊すし詰め	すしづめ	jam-packed

会 話 文　Dialogues　📼

本文のテープをよく聞きなさい。そして下線の部分がテープと同じように言えるように
しなさい。

Listen carefully to the tape. Practice until you can say the underlined sentences the same as on the tape.

場面７．報告をかねて、お礼を言う　● Expressing gratitude while conveying information

登場人物：スミス

山本（寮の先輩）

場　所：寮の食堂

山　本：　どう？　近頃、調子は？

スミス：　<u>あ、山本さん。この間はどうもありがとうございました。</u>

山　本：　うん……？　何だっけ。

スミス：　あ、碁のことです。

山　本：　ああ、ああ。あれからどうしたの？

スミス：　<u>はい、教えていただいたように、日本棋院に電話して、おととい行ってきた
んですけど、</u>＜うん＞<u>それで、あそこの初級コースというのに入りました。</u>

山　本：　あ、そう。やっぱりコースがあったんだね。＜ええ＞それで、どう？

スミス：　<u>ええ、お陰様で、何とかやってます。</u>＜そう＞<u>先生も親切に教えてくれる
し、いいですよ。</u>

山　本：　ふうん、そりゃよかった。＜ええ＞ま、頑張って、今度は僕に教えてよ。

スミス：　ええっ、山本さんに教えるなんて、とんでもない。

山　本：　いや、期待してるからね。

＊近頃	ちかごろ	these days
＊調子	ちょうし	condition, things going on
＊やっぱり		that's exactly what I thought
＊お陰様で	おかげさまで	luckily, thanks to you
＊何とかやる	なんとかやる	to manage
＊とんでもない		Don't be joking
＊期待する	きたいする	to look forward to

場面8．日本棋院に電話し、欠席を届ける　● Telephoning the Nihon Kiin to inform them of his absence

登場人物：スミス

日本棋院の受付

担当者

スミス：　もしもし。

受　付：　もしもし、日本棋院です。

スミス：　あのう、今日の初級コースをお教えになる<u>田島先生をお願いしたいんですが</u>。

受　付：　はい。失礼ですが、どちら様ですか。

スミス：　はい、あの、スミスと申します。

受　付：　スミスさんですね。＜はい＞　少々お待ちください。＜はい＞　おつなぎします。

担当者：　もしもし、お電話代わりました。

スミス：　あ、もしもし、＜はい＞　こちら、今晩の……。

担当者：　<u>あの、すいません、お電話ちょっと遠いようなんですが……</u>。

スミス：　あ、すいません。

> もしもし、＜はい＞　あ、あのう、今晩の初級コースの田島先生いらっしゃいますか。
>
> 担当者：　ええと、田島先生はまだお見えになっていませんが。
>
> スミス：　あ、そうですか。＜はい＞　じゃ、<u>おことづけをお願いできますか</u>。
>
> 担当者：　はい、どうぞ。
>
> スミス：　あのう、私、初級コースのスミスですが。
>
> 担当者：　あ、スミスさん。
>
> スミス：　はい。あのう、実は今日、＜はい＞　風邪をひいてしまいまして、＜ええ＞　今晩のクラス、<u>休ませていただきたいと思うんですが</u>。
>
> 担当者：　あ、そうですか。
>
> スミス：　すみませんが、田島先生<u>にどうぞよろしくお伝えください</u>。

＊つなぐ		to connect
＊すいません		Excuse me （＝すみません）
＊電話が遠い	でんわがとおい	can't hear ［on the phone］

担当者： はい。えーと、風邪でお休みということですね。＜はい＞ わかりました。
　　　　 お伝えしておきます。

スミス： どうぞよろしくお願いします。

担当者： はい、どうぞお大事に。

スミス： はい、ありがとうございます。では失礼します。

担当者： はい、ごめんください。

スミス： ごめんください。

場面9．先輩の誘いを受ける ● Accepting an invitation from a sempai

　　　　　　　　　　　　　　　　　　登場人物：スミス、山本
　　　　　　　　　　　　　　　　　　　　　　　寮生

　　　　　　　　　　　　　　　　　　場　　所：寮の娯楽室

（スミスが碁を打っている。）

山　本： おっ、いたいた。やっぱりここか。

スミス： あっ、山本さん。

山　本： いや、今、スミスさんの部屋に行ってみたんだけどね、いなかったから、も
　　　　 しかしたらここじゃないかと思ってね。

スミス： あ、何か。

山　本： やあ、ずいぶん頑張ってるねえ。

寮　生： ええ、スミスさん、なかなか筋がいいんですよ。

スミス： いえ、そんな。

山　本： まあまあ、そんな照れないで……。でね、実は、その碁の話なんだけどね。

スミス： はい、何か。

＊誘い	さそい	invitation
＊寮生	りょうせい	boarder, dormitory resident
＊筋がいい	すじがいい	to have a natural aptitude for
＊照れる	てれる	to be bashful

山　本：　僕の上司で碁の好きな人がいるんだけどね、＜ええ＞　その人にスミスさんの
　　　　　ことを話したら、ぜひ一度連れて遊びに来いって言うんだよ。

スミス：　ええっ、いやですよ。そんな。

山　本：　うん。まあ、僕もスミスさん嫌がるだろうとは思ったんだけどね。

寮　生：　小林課長のことですか。

山　本：　うん。そうなんだ。

寮　生：　あの課長なら気さくな人だし。

山　本：　うん、それに、かわいいお嬢さんがいるし、奥さんは料理が上手だし……。

スミス：　うーん、でも、全然知らない人の家に行くのは……。

山　本：　うん、まあ、そういう気持ちもわかるけど、日本語のいい勉強になるんじゃ
　　　　　ない？

スミス：　うーん。それを言われると弱いなあ。

寮　生：　そうだよ。いい勉強になると思うよ。いい課長だし、心配ないよ。気楽に
　　　　　行ってきたら。

スミス：　うーん。<u>それじゃあ、うかがうことにしようかなあ。</u>

山　本：　ああ、よかった。実はねえ、今週の週末あたりどうかって言われているんだ。

スミス：　ああ、もうそんなに急な話なんですか。

山　本：　うん、どう？

スミス：　ええ、<u>別に約束はありませんが。</u>

山　本：　じゃあ、土曜日にでもうかがうことにしようか。

スミス：　はい。

山　本：　じゃあ、時間なんかは、また課長とも相談して知らせるからね。

スミス：　<u>はい、お任せします。</u>

＊上司	じょうし	a superior (at work)
＊嫌がる	いやがる	to be unwilling, reluctant
＊気さくな	きさくな	frank, openhearted
＊それを言われると弱い	それをいわれるとよわい	You've hit a sore spot
＊気楽に	きらくに	(feeling) at ease
＊任せる	まかせる	to entrust

応用練習 Application Exercises

1. センターの授業を休む、または遅刻するので、事務の長谷川さんに電話をかけます。
   理由を考えて、先生に伝言してくれるように頼みなさい。
   Telephone Hasegawa-san at the Center office to say you'll be absent or late for class. Give a reason and ask to have your teacher informed.

①休む

理由

②遅刻する

理由

2. 例にならって、欠席か早退を届けるメモを、理由を考えて書いてみなさい。
   Refer to the example memos below and write your own memo giving a reason for being absent or leaving early.

例1）欠席を届けるメモ

> 加藤先生へ
> すみませんが、明日10時から 面接が あり
> ますので、午前中の 授業を 休ませて
> いただきます。
>   2月7日 キース・ランドリー

例2）早退を届けるメモ

> 田中先生へ
> 頭痛が ひどく 午後の 授業に 出られ
> ません。明日は 出ますので よろしく お願い
> します。   3/20 マイケル・ジョーンズ

メモを書きなさい　Write your memo here.

＊頭痛　　　　　ずつう　　　　　headache

3. 学校の事務の人に、次のようなところを教えてもらいました。a～eの中から1つ選んで、よかった点をいくつか具体的に報告し、お礼を言いなさい。

A member of the school staff has helped you in one of the following matters. Choose one from the list below and then give good points about what was recommended to you and express your thanks.

＜紹介してもらったもの＞

   a．アパート   b．中華料理店   c．医者

   d．リサイクルストア   e．その他

＜よかった点（具体的に）＞

- _____
- _____
- _____
- _____
- _____
- _____

＊炊飯器   すいはんき   rice cooker

ユニット4

ほめられた時にうまく対応する
Responding to praise

┌───┐
●このユニットのねらい●
Unit Goals

◎ほめられた時の対応ができる。また、ほめることができる。

　Responding to praise and praising others

・初めて訪問した家でのあいさつができる。

　Using correct greetings politely on a first visit to a private home
└───┘

基本会話 Key Dialogue　　

テープの基本会話をよく聞いて、スミスの部分がすらすら言えるように練習しなさい。
Listen to the tape and practice the part of Mr. Smith until you can say it smoothly.

┌───┐
（対局後）

小　林：　いやあ、参ったなあ……。始めて2、3か月でこんなに強くなっちゃうも
　　　　　のかなあ。

スミス：　<u>いえ、そんな……。大したことありません。</u>

小　林：　いやあ、負けるかと思ってひやっとしたよ。

山　本：　スミスさんは本当に筋がいいんですよ。

スミス：　<u>いえ、そんな。全くゼロから始めたわけじゃありませんし……。日本へ来</u>
　　　　　<u>る前に少しやっていましたから。それに、ここ1週間くらい、毎日碁の本</u>
　　　　　<u>を読んで研究していたんです。</u>

小　林：　さすが、学者の卵ですね。実践ばかりじゃなくて研究も忘らないなんて
　　　　　……。
└───┘

＊対局(後)	たいきょく(ご)	(after) a game of go
＊参る	まいる	to be beaten, be embarrassed, be upset
＊大した	たいした	great, much
＊ひやっとする		to have a thrill, to be nervous
＊さすが		As I had expected
＊～の卵	～のたまご	in the making, budding
＊実践	じっせん	practice
＊怠る	おこたる	to neglect

スミス： いえ、ただ好きなだけです。宿題をしなくちゃと思いながら、つい碁の本に手がいってしまうんです。やっぱり、日本語の勉強よりこちらの方が楽しいですから……。

言いかえ練習 Variation Drill

イントネーションに注意して、＿＿＿＿＿のところに１〜４の言葉を入れなさい。

Fill in the blanks with the phrases 1-4, trying to sound modest.

大　家： スミスさん、日本語上手になりましたね。

スミス： ＿＿＿＿＿＿＿＿＿＿＿＿＿＿＿＿＿＿＿＿＿＿。

1．いえ、まだまだです。

2．そうですか。

3．そうだといいんですが。

4．ありがとうございます。

日本棋院で碁を
楽しむ人たち

練　習 Drills

練習会話 Supplementary Dialogues

テープの練習会話をよく聞いて、スミスやホワイトの役ができるように練習しなさい。
Listen to the conversations on the tape and practice the part of Mr. Smith or Miss White.

［ほめられる］　Being praised

① 山　田：　日本語、お上手ですね。

　スミス：　<u>いえ、まだまだです。</u>

　山　田：　そのくらいできれば、もう勉強する必要はないでしょう。

　スミス：　<u>早くそうなりたいんですけど。</u>

② ゼミの先輩：　スミスさん、本当にまじめだね。

　スミス：　えっ？

　先　輩：　予習もきちんとやってくるし、授業にも積極的に参加するし。

　スミス：　<u>勉強するために来たんですから、そのくらい当然ですよ。</u>

　先　輩：　いやあ、その当然なことがなかなかできないんだよ。

③ ゼミの友達：　とってもいい話でしたよ。

　ホワイト：　<u>そうですか。</u>

　友　達：　ええ、私たち日本人は、無意識にやってるんですけど、やっぱり外から見
　　　　　　れば、ああ見られても仕方ないと思いますよ。

　ホワイト：　<u>いえ、少し独断的かなと思ったんですけど。</u>

＊まじめだ		to be serious
＊きちんと		completely
＊積極的に	せっきょくてきに	positively
＊当然だ	とうぜんだ	to be natural
＊無意識に	むいしきに	unconsciously
＊仕方ない	しかたない	It is inevitable that 〜
＊独断的な	どくだんてきな	dogmatic

友　達：　そんなことないですよ。言ってること、ほんとに当たってますよ。

ホワイト：　そうですか。そう言ってもらえると、うれしいですね。

④　寮の先輩：　ホワイトさん、テニスのジュニア・チャンピオンだったんですってね。

ホワイト：　ええっ。

寮の先輩：　上手なんでしょうねえ。

ホワイト：　いえ、ずいぶん前のことですから。

寮の先輩：　ぜひ一度教えてもらいたいなあ。

ホワイト：　しばらくやってないから……。でも、もし機会があればやりたいですね。

寮の先輩：　ぜひお願いしますよ。

ホワイト：　こちらこそ。ぜひ一度やりましょう。

［ほめる］　Praising

①　スミス：　服部さん、岩波の「図書」に書評を書いたそうですね。

服　部：　あ、あれですか。読んでくれたんですか。

スミス：　いや、実は僕は読んでないんですけど、ゼミの先生が実に的確な批評だっておっしゃってましたよ。

服　部：　そうですか。よかった。

②　ホワイト：　これ、おいしいですね。本当に飯田さんが作ったんですか。

飯　田：　ええ、そうですよ。うまいもんでしょう。

ホワイト：　ええ、飯田さんがこんなにお料理が上手だなんて、夢にも思わなかったわ。

飯　田：　隠れた才能、なあーんちゃって。

＊当たっている	あたっている	be right, be on target
＊書評	しょひょう	book review
＊的確な	てきかくな	exact, precise
＊批評	ひひょう	comment
＊夢にも〜ない	ゆめにも〜ない	never expect
＊隠れた才能	かくれたさいのう	hidden talent

場面練習 Situation Practice

［ほめられたときどう応対<ruby>応対<rt>おうたい</rt></ruby>するか］ Responding to praise

スミスになって、<ruby>会話<rt>かいわ</rt></ruby>を<ruby>完成<rt>かんせい</rt></ruby>しなさい。
Fill in the blanks below with the part of Mr. Smith.

① 先　生： 9月にくらべて、ずいぶん上達しましたね。

　スミス： ＿＿＿＿＿＿＿＿＿＿＿＿＿＿＿＿＿＿＿＿＿＿＿＿。

　先　生： この調子でがんばってくださいね。

　スミス： ＿＿＿＿＿＿＿＿＿＿＿＿＿＿＿＿＿＿＿＿＿＿＿＿。

② 先　輩： スミスさん、こんなに難しい漢字、知ってるの。

　スミス： ＿＿＿＿＿＿＿＿＿＿＿＿＿＿＿＿＿＿＿＿＿＿＿＿。

　先　輩： 僕が教えてもらいたいな。

　スミス： ＿＿＿＿＿＿＿＿＿＿＿＿＿＿＿＿＿＿＿＿＿＿＿＿。

| ＊上達する | じょうたつする | to improve |
| ＊この調子で | このちょうしで | in this way |

会 話 文 Dialogues

本文のテープをよく聞きなさい。そして下線の部分がテープと同じように言えるように
しなさい。

Listen carefully to the tape. Practice until you can say the underlined sentences the same as on the tape.

場面10. 小林課長の家を訪問する ● Visiting the Kobayashi home

登 場 人 物：スミス、山本

小林課長（45歳）、小林夫人（42歳）

場　　所：小林課長宅

（山本は玄関先でコートを脱ぐ。スミスもあわててコートを脱ぐ。）

山　本： ごめんください。山本です。

夫　人： あっ、どうぞお入りください。

山　本： はい、失礼します。

夫　人： いらっしゃいませ。どうぞ……。お待ちしておりました。

山　本： どうも……。おじゃまいたします。こちらがスミスさんです。

スミス： スミスです。はじめまして。どうぞよろしく。

夫　人： こちらこそ、どうぞよろしく。どうぞお入りください。主人も楽しみにして
おりました。

スミス： ありがとうございます。

夫　人： さあ、どうぞ。

山　本： はい、それでは。

小　林： やあ、いらっしゃい。お待ちしてました。

山　本： あっ、課長、今日はどうも。こちらがこの間お話ししたスミスさんです。

小　林： よくいらしてくださいました。ま、どうぞ。かたい挨拶は抜きにして……。

夫　人： どうぞ、こちらへ。

＊かたい挨拶は抜きにして　　かたいあいさつはぬきにして　　to skip the formal greetings

場面11. ほめられて、対応する　● Responding to praise

登場人物：スミス、山本

小林課長、小林夫人

場　　所：小林課長宅

（対局後、応接間でビールを飲みながら、歓談している。）

小　林：	いやあ、参ったなあ……。始めて2、3か月でこんなに強くなっちゃうものかなあ。
スミス：	いえ、そんな……。大したことありません。
小　林：	いやあ、負けるかと思ってひやっとしたよ。
山　本：	スミスさんは本当に筋がいいんですよ。
スミス：	いえ、そんな。全くゼロから始めたわけじゃありませんし……。日本へ来る前に少しやっていましたから。それに、ここ1週間くらい、毎日碁の本を読んで研究していたんです。
小　林：	さすが、学者の卵ですね。実践ばかりじゃなくて研究も怠らないなんて……。
スミス：	いえ、ただ好きなだけです。宿題をしなくちゃと思いながら、つい碁の本に手がいってしまうんです。やっぱり、日本語の勉強よりこちらの方が楽しいですから……。

小　林：	ま、そりゃ、そうでしょうね。
山　本：	でも課長、スミスさんは本当に勉強家なんですよ。
小　林：	そのようですねえ。
山　本：	毎日遅くまで勉強しているんです。
小　林：	ほう。
スミス：	いえ、学生ですから……。

（夫人が酒の肴を持って入って来る。）

＊応接間	おうせつま	drawing room
＊歓談	かんだん	pleasant chat
＊肴	さかな	something to nibble on while drinking

夫　人：　さ、これ召し上がってみてください。お口に合うかどうかわかりませんけど。

スミス：　ありがとうございます。いただきます。

　　　　　（夫人は部屋を出て行く。）

小　林：　おい、お酒ないよ。

　　　　　（小林課長も出て行く。）

スミス：　かわいいお嬢さんはどうしたんでしょうね。

山　本：　さっき、デートに行っちゃったらしいんだよ。

スミス：　ええっ？

＊口に合う　　　　　くちにあぅ　　　　　to suit one's taste

＊デート　　　　　　　　　　　　　　　date

場面12．小林夫妻にお礼の葉書を出す ● Writing a thank-you note

[縦書き] vertical style

日一日と寒くなってまいりましたが、その後皆様には　お変わりなく　お過ごしのことと思います。

先日はどうもありがとうございました。

はじめての　お宅に伺うので緊張していましたが、お陰様で　大変楽しい一日を過ごさせていただきました。　まずは　お礼まで申し上げます。

風邪がはやっているそうです。お体、ご自愛ください。

十一月二十日

＊お礼	おれい	thanks, thank-you note
＊葉書	はがき	post card
＊緊張する	きんちょうする	to be nervous
＊ご自愛ください	ごじあいください	Take good care of yourself

[横書き]　horizontal style

日一日と 寒くなって まいりましたが

その後、皆様には お変わりなく お過

ごしの ことと思います。

　先日は どうも ありがとう ございました。

はじめての お宅に 伺うので 緊張してい

ましたが、お陰様で 大変楽しい一日

を 過ごさせて いただきました。

まずは お礼まで 申し上げます。

　風邪が はやっているそうです。

お体、ご自愛ください。

11月20日

[宛名] addressing the card
あてな

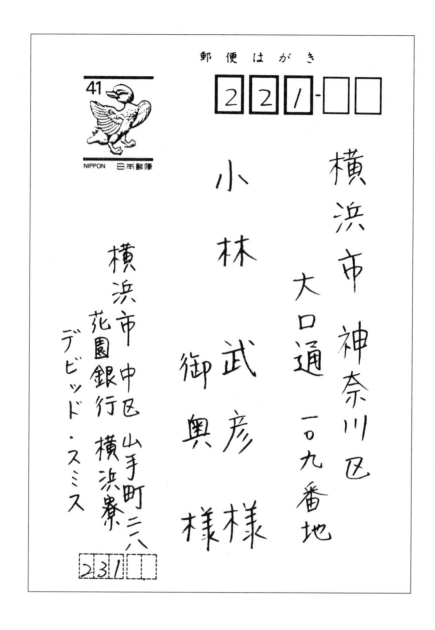

郵便はがき

221-□□

横浜市 神奈川区
大口通 一〇九番地
小林 武彦 御奥 様様

横浜市 中区 山手町三八
花園銀行 横浜寮
デビッド・スミス

231

応用練習 Application Exercises

1．・次の場面でスミスのことを上手にほめなさい。

・スミスになって、このようにほめられた時、自分ならどう受けるか、会話を続けなさい。

First praise Mr. Smith in the situations below. Then take the part of Mr. Smith and respond to the praise.

①友達の家に遊びに行った ● When visiting the home of a friend

友達のお母さん：　ところでスミスさん、本当に日本語が上手ですね。

スミス：　＿＿＿＿＿＿＿＿＿＿＿＿＿＿＿＿＿＿＿＿＿＿＿＿＿＿＿＿＿。

友達のお母さん：　＿＿＿＿＿＿＿＿＿＿＿＿＿＿＿＿＿＿＿＿＿＿＿＿＿＿。

スミス：　＿＿＿＿＿＿＿＿＿＿＿＿＿＿＿＿＿＿＿＿＿＿＿＿＿＿＿＿＿。

②スミスは「日本の国際化」というタイトルでレポートを書いた
● Mr. Smith has written a report on the topic "The Internationalization of Japan"

先　生：　ところでスミスさん、この間のレポート、よく書けてましたよ。指摘も鋭いし、目のつけどころがすごいですね。

スミス：　＿＿＿＿＿＿＿＿＿＿＿＿＿＿＿＿＿＿＿＿＿＿＿＿＿＿＿＿＿。

先　生：　＿＿＿＿＿＿＿＿＿＿＿＿＿＿＿＿＿＿＿＿＿＿＿＿＿＿＿＿＿。

スミス：　＿＿＿＿＿＿＿＿＿＿＿＿＿＿＿＿＿＿＿＿＿＿＿＿＿＿＿＿＿。

③スミスが友達のために英文のタイプを打ってあげた
● Mr. Smith has typed something in English for a friend

友　達：　いや、それにしても速いですね。それに間違いもないし。

スミス：　＿＿＿＿＿＿＿＿＿＿＿＿＿＿＿＿＿＿＿＿＿＿＿＿＿＿＿＿＿。

友　達：　＿＿＿＿＿＿＿＿＿＿＿＿＿＿＿＿＿＿＿＿＿＿＿＿＿＿＿＿＿。

スミス：　＿＿＿＿＿＿＿＿＿＿＿＿＿＿＿＿＿＿＿＿＿＿＿＿＿＿＿＿＿。

＊目のつけどころ　　　めのつけどころ　　　　　　what to look for

2. 相手をほめて謙遜された後どう応対するか、スミスになって、具体的な言葉を入れて、
さらにほめてみなさい。

Take the part of Mr. Smith and continue praising someone after they have rejected such praise.

①渡辺は学会で発表した　● After a speech by Mr. Watanabe at an academic meeting

スミス：　いい発表でしたよ。

渡　辺：　いやあ、うまくまとめられなくて。

スミス：　＿＿＿＿＿＿＿＿＿＿＿＿＿＿＿＿＿＿＿＿＿＿＿＿＿＿＿＿＿＿＿＿＿。

渡　辺：　そうですか。

②山下が新しいスーツを着ている　● On Mr. Yamashita's new suit

スミス：　いいスーツですね。

山　下：　そうですか。なんだかあまり似合わないみたいで。

スミス：　＿＿＿＿＿＿＿＿＿＿＿＿＿＿＿＿＿＿＿＿＿＿＿＿＿＿＿＿＿＿＿＿＿。

山　下：　そうですか。ありがとうございます。

③友達の家で得意の料理をごちそうになった　● Praising specially cooked food at a friend's house

スミス：　うーん、おいしい。プロ並みですね。

斎　藤：　いえ、そんなことありませんよ。

スミス：　＿＿＿＿＿＿＿＿＿＿＿＿＿＿＿＿＿＿＿＿＿＿＿＿＿＿＿＿＿＿＿＿＿。

斎　藤：　そうですか。

＊ごちそうになる　　　　　　　　　　　to be treated (by someone to something)
＊プロ並み　　　　プロなみ　　　　　　on a professional level

④河野の家族の写真を見せてもらった　● About a photo of the Kono family

スミス：　河野さんの　奥さん、きれいな方ですね。

　　　　　　　　　　　　ご主人、優しそうな人ですね。

河　野：　いえ、そんなことありません。

スミス：　＿＿＿＿＿＿＿＿＿＿＿＿＿＿＿＿＿＿＿＿＿＿＿。

河　野：　そうですか。

⑤田中の家族について噂を聞いた

　● On something you have heard about a member of the Tanaka family

スミス：　田中さんの妹さん（お兄さん・弟さん・お姉さん）って、とても優秀な

　　　　　んですってね。

田　中：　いえ、そんなことありませんよ。

スミス：　＿＿＿＿＿＿＿＿＿＿＿＿＿＿＿＿＿＿＿＿＿＿＿。

田　中：　いえ、いえ、とんでもない。

| ＊噂 | うわさ | stories, rumor |
| ＊優秀な | ゆうしゅうな | excellent |

第 2 部

電話で本を注文する
でん わ　　ほん
Ordering books by telephone

●このユニットのねらい●
Unit Goals

◎**電話で本を注文することができる。**

　　Ordering books by telephone

・**助言に対して適切な応対ができる。**
　　　　　　たい
　　Responding to advice

基本会話 Key Dialogue

テープの基本会話をよく聞いて、スミスの部分がすらすら言えるように練習しなさい。
き ほんかい わ　　　　き　　　　　　　　　　　　　　ぶ ぶん　　　　　　　　い　　　　　　　　　れんしゅう
Listen to the tape and practice the part of Mr. Smith until you can say it smoothly.

A

（電話で本を注文する）

書　店：　お電話代わりました。紀伊国屋でございます。

スミス：　あの、評論社から出ている『明治授業理論史研究』という本がほしいんで

　　　　　すが……。

書　店：　はい、ちょっとお待ちください。

＊注文する	ちゅうもんする	to order
＊助言	じょげん	advice
＊適切な	てきせつな	proper, appropriate
＊応対	おうたい	reception, answer
＊紀伊国屋	きのくにや	[name of a bookstore]
＊評論社	ひょうろんしゃ	[name of a publisher]
＊理論史	りろんし	theoretical history

言いかえ練習 Variation Drill

_____のところに自分で書名などを入れて練習しなさい。

Practice the sentences below, filling in the blanks with book titles and other pertinent information.

> 1. _____から出ている_____という本がほしいんですが。
> 2. _____が書いた_____という本をさがしているんですが。
>   （　の　）

B

> （助言に対する応対）
>
> 清水先生：　神田の古本屋にでも行かないとないかなあ。それでもなければ国会図書館
>
> 　　　　　　にでも行くしかないですね。
>
> スミス：　　ええ、私も一度神田へは行ってみたいと思っていましたので、今度の土曜
>
> 　　　　　　日にでも行ってきます。
>
> 清水先生：　ええ、それがいいですよ。

言いかえ練習 Variation Drill

Bになって、応対しなさい。

Take the part of B in the situations below and respond appropriately.

1. A：　最近、センターの近くに、すごくおいしい韓国料理の店ができたんですよ。
   B：　そうですか。_____。

| *古本屋 | ふるほんや | secondhand bookseller |
| *国会図書館 | こっかいとしょかん | The National Diet Library |

2. A： この辞書、とても便利なんですよ。それに、あまり高くないし……。

　　B： _____。

3. （Bはアパートをさがしている）

　　A： （広告を見せながら）このアパート、いいと思うけど、どうかしら。

　　B： _____。

4. （Bは文房具店をさがしている）

　　A： えーっと、ステーションビルに文房具屋さんがあったと思うけど……。はっ
　　　　きりしませんが。

　　B： _____。

紀伊国屋書店（新宿）

＊文房具屋　　　　　ぶんぼうぐや　　　　　stationery shop

練　習 Drills

練習会話 Supplementary Dialogues

テープの練習会話をよく聞いて、スミスやホワイトの役ができるように練習しなさい。
Listen to the conversations on the tape and practice the part of Mr. Smith or Miss White.

①絶版　● When a book is out of print

店員A：　はい、毎度ありがとうございます。有隣堂ルミネ店でございます。
てんいん

スミス：　あの、ちょっとほしい本があるので調べていただきたいんですが。

店員A：　どのような本でございますか。

スミス：　筑摩書房の『現代日本論』というんですが。

店員A：　はい、少々お待ちください。係と代わりますので。

店員B：　はい、お電話代わりました。

スミス：　筑摩書房の『現代日本論』という本、あの、『戦後日本思想体系』の第15巻な
んですが、そちらにありますでしょうか。

店員B：　はい、少々お待ちください。
お待たせしました。そちらはもう絶版になっておりますが。

スミス：　あ、そうですか。ありがとうございました。

②取り置き　● Having a book held for you

店員A：　はい、紀伊国屋でございます。

ホワイト：　あの、児童書で、さがしている本があるんですが。

＊絶版	ぜっぱん	out-of-print
＊有隣堂ルミネ店	ゆうりんどうルミネてん	[name of a bookstore]
＊筑摩書房	ちくましょぼう	[name of a publisher]
＊戦後	せんご	postwar
＊思想	しそう	thought
＊体系	たいけい	system
＊巻	かん	volume
＊取り置き	とりおき	reservation, setting aside
＊児童書	じどうしょ	children's book

店員Ａ： はい、係の方へまわしますので、そのままお待ちください。

店員Ｂ： お電話代わりました。

ホワイト： あのう、『兎の眼』という本、そちらにありますか。

店員Ｂ： えーっと、あったと思いますが、ちょっとお待ちください。

　　　　　 はい、お待たせしました。灰谷健次郎の『兎の眼』ですね。ございますが、

　　　　　 いかがいたしましょうか。

ホワイト： じゃ、取って置いてください。

店員Ｂ： はい、お取り置きしておきます。では、お名前とお電話番号をお願いします。

③取り寄せ　● Placing a special order for a book

店員Ａ： はい、丸善ブックメイツでございます。

スミス： あのう、言語学の本ですが、在庫を見ていただきたいんですが。

店員Ａ： はい、少々お待ちくださいませ。

店員Ｂ： お待たせしました。

スミス： あ、もしもし、『意味の世界』という本、そちらにありますでしょうか。

店員Ｂ： あの、著者や出版社はわかりませんか。

スミス： えーっと、著者は池上なんとかという人だったと思います。出版社はちょっ

　　　　 とわからないんですが。

店員Ｂ： はい、お調べしますので、そのままお待ちください。

　　　　　 もしもし、お待たせしました。＜はい＞ えーと、ＮＨＫブックスで、池上嘉

　　　　　 彦という人の『意味の世界』という本がございますが、こちらでしょうか。

スミス： ええ、そうだと思います。

＊取って置く	とっておく	to reserve, to hold
＊取り寄せ	とりよせ	special order
＊丸善ブックメイツ	まるぜんブックメイツ	[name of a bookstore]
＊言語学	げんごがく	linguistics
＊在庫	ざいこ	stock
＊著者	ちょしゃ	author
＊出版社	しゅっぱんしゃ	publisher

店員B： あの、申し訳ないんですが、ただいま、その本、切らしておりまして、お取り寄せということになりますが。

スミス： そうですか。<u>何日ぐらいかかりますか。</u>

店員B： 2週間ぐらいだと思います。

スミス： そうですか。じゃ、お願いします。

店員B： はい、それでは、ご連絡先とお名前をお願いいたします。

スミス： えーっと、横浜市、中区、桜木町、1の2、デビッド・スミスです。

店員B： デビッド・スミス様ですね。お電話番号は。

スミス： 電話は、045-262-3749です。

店員B： 045-262-3749でございますね。＜はい＞ はい、それでは入荷次第、ご連絡いたします。

スミス： <u>じゃ、よろしくお願いします。</u>

店員B： はい、どうもありがとうございました。

出版社名一覧 Selected List of Publishers
しゅっぱんしゃめいいちらん

岩波書店	いわなみしょてん
筑摩書房	ちくましょぼう
角川書店	かどかわしょてん
新潮社	しんちょうしゃ
講談社	こうだんしゃ
中央公論社	ちゅうおうこうろんしゃ
文藝春秋社	ぶんげいしゅんじゅうしゃ
三省堂	さんせいどう
研究社	けんきゅうしゃ

＊切らす	きらす	(we are) out of stock of
＊ご連絡先	ごれんらくさき	(liaison) address
＊入荷	にゅうか	arrival
＊〜次第	〜しだい	as soon as 〜

本を手にいれるには…
When you're looking for a book……

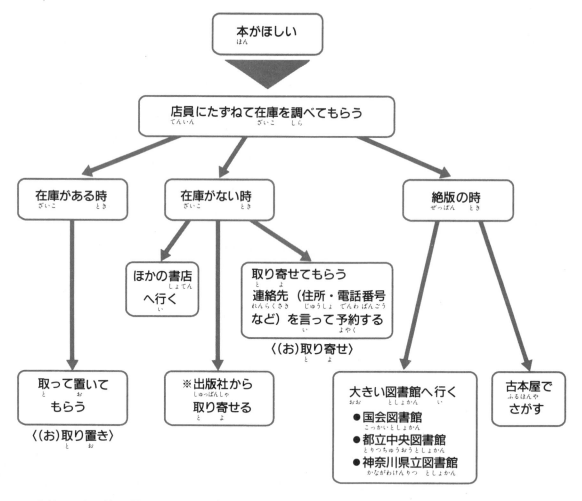

※ 直接、出版社に電話して、取り寄せてもらうと速い。
ただし、送料がかかる。

It is faster to order a book directly from the publisher,
but you will have to pay the shipping costs.

┈ Useful Vocabulary ┈┈┈┈┈┈┈┈┈┈┈┈┈┈┈┈┈┈┈┈┈┈┈┈

在庫：在庫がある／ない
　　　店頭にある／ない
　　　切れている　＜切れる
　　　切らしている（「ただいま切らしてお
　　　りまして」）　＜切らす

お取り置き：お取り置きする　＜取り置く
お取り寄せ：お取り寄せする　＜取り寄せる
発注：発注する　　　注文：注文する
絶版：絶版になる　　再版：再版する

会話文 Dialogues

本文のテープをよく聞きなさい。そして下線の部分がテープと同じように言えるようにしなさい。

Listen carefully to the tape. Practice until you can say the underlined sentences the same as on the tape.

場面1. さがしている本について、清水先生から助言を得る
● Receiving the advice of Shimizu Sensei on finding a book

登場人物：スミス

清水先生

場　所：センターのラウンジ

（スミスがセンターの開架式の本棚の前でメモを持って本をさがしている。）

清　水：　あ、スミスさん、何をさがしてるんですか。

スミス：　あ、先生、この本なんですが、実はコロンビア大学のブラウン先生から読んでおくようにって言われているもんですから、ここにないかなあと思いまして。

清　水：　あっ、ちょっとここにはないと思いますよ。でも、これは、現在の日本の教育の方向づけがいつ行われたかを書いた名著ですからね＜ええ＞、読解のクラスでみんなで読んでもいいですね。＜はい＞ 新宿の紀伊国屋とか、神田の三省堂とか、大きい本屋に行ってみたらあるんじゃないかな。

スミス：　あ、そうですね。じゃ今度、紀伊国屋へ行ってみます。

清　水：　あ、でもね、まず電話してあるかないか聞いてみたらどうですか。せっかく行っても無駄足になるとつまらないから。

スミス：　そうですね。じゃ、早速電話してみます。

清　水：　はい。

＊開架式	かいかしき	open-shelf, open-stack
＊方向づけ	ほうこうづけ	giving direction (to)
＊名著	めいちょ	notable book
＊読解	どっかい	reading comprehension
＊せっかく		taking a trouble, all the way
＊無駄足になる	むだあしになる	to be of no use

場面2．紀伊国屋に電話で問い合わせる　● Telephoning Kinokuniya

登場人物：スミス

紀伊国屋の交換

紀伊国屋の係

交　換：　はい、紀伊国屋でございます。

スミス：　あのう、教育学の本をさがしているんですが。

交　換：　はい、あの、係の方へお回ししますので、少々お待ちください。

係：　　お電話代わりました。紀伊国屋でございます。

スミス：　あの、評論社から出ている『明治授業理論史研究』という本がほしいんですが……。

係：　　はい、ちょっとお待ちください。

著者名はおわかりですか。

スミス：　稲垣忠彦です。

係：　　稲垣忠彦、あの、いつ頃出版されたんでしょうか。

スミス：　昭和41年ですが。

係：　　はい、ではお調べしますのでそのままお待ちください。＜はい＞

お待たせしました。あの、その本はただ今、絶版になっておりまして。

スミス：　絶版？

係：　　はい、申し訳ございませんが、もう出版社の方にもないようなので……。お取り寄せできないんですが。

スミス：　そうですか。じゃあ、仕方がないな。あ、どうも。

係：　　どうも、失礼いたしました。

＊早速	さっそく	as soon as possible
＊教育学	きょういくがく	pedagogy
＊回す	まわす	to connect, to transfer (a call)
＊仕方がない	しかたがない	it can't be helped

場面3. 再び清水先生から助言を受ける　● Asking Shimizu Sensei for her advice again

登場人物：スミス

清水先生

場　所：センターのラウンジ

スミス：　あ、先生、おはようございます。

清　水：　あ、おはようございます。この間の本、ありましたか。

スミス：　いえ、それが、紀伊国屋に電話したんですが、もう絶版になっているっていうことで……。

清　水：　あ、そうですか。

　　　　　神田の古本屋にでも行かないとないかなあ。それでもなければ国会図書館にでも行くしかないですね。

スミス：　ええ、私も一度神田へは行ってみたいと思っていましたので、今度の土曜日にでも行ってきます。

清　水：　ええ、それがいいですよ。

神田の古書店街

応用練習 Application Exercises

手に入れたい本を決めて、下の表に書き入れなさい。

Fill in the spaces below with the pertinent information about a book you'd like to buy.

書　　名	著　者	出版社	その他

・その本を注文しなさい。（先生が書店の人になります。）

Order the book. (Your teacher will play the part of the bookstore.)

・実際に購入したい本があれば、書店に電話で注文してみなさい。（クラスではしません。）

If there is actually a book you want to buy, try calling a bookstore and ordering it (to be done outside of class).

☎電話番号リスト

有隣堂（伊勢佐木町）	045-261-1231
有隣堂（横浜西口）	045-311-6265
有隣堂（横浜ルミネ）	045-453-0811
紀伊国屋（新宿）	03-3354-0131
八重州ブックセンター	03-3281-1811

＊購入する　　　　　こうにゅうする　　　　to buy

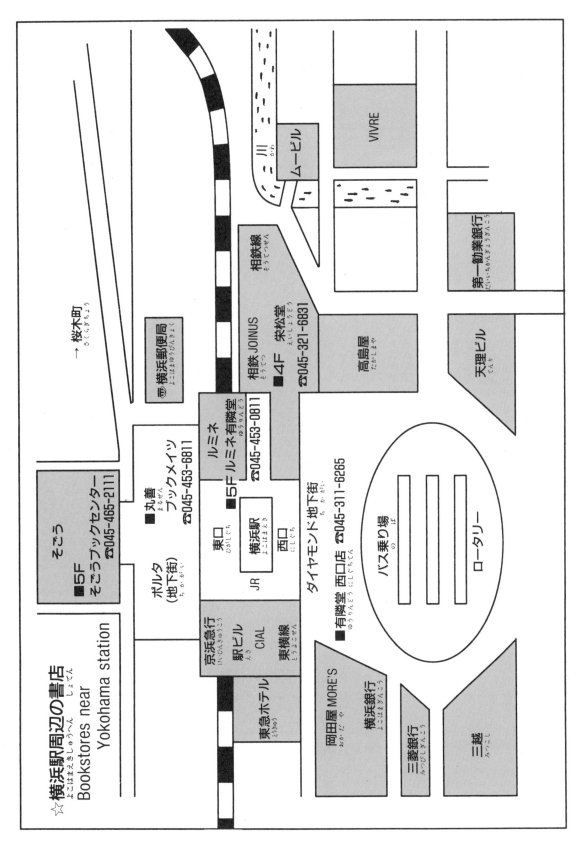

☆ 横浜駅周辺の書店
よこはまえきしゅうへん しょてん
Bookstores near
Yokohama station

→ 桜木町
さくらぎちょう

そごう
■5F そごうブックセンター
☎045-465-2111

■丸善
まるぜん
ブックメイツ
☎045-453-6811

ルミネ
■5F ルミネ有隣堂
ゆうりんどう
☎045-453-0811

相鉄 JOINUS
そうてつ
相鉄線
そうてつせん
栄松堂
えいしょうどう
■4F
☎045-321-6831

高島屋
たかしまや

ポルタ
(地下街)
ちかがい

横浜郵便局
よこはまゆうびんきょく

ムービル

VIVRE

川
かわ

第一勧業銀行
だいいちかんぎょうぎんこう

天理ビル
てんり

京浜急行
けいひんきゅうこう

駅ビル
えき
CIAL

東横線
とうよこせん

JR

東口
ひがしぐち
横浜駅
よこはまえき
西口
にしぐち

ダイヤモンド地下街
ちかがい
■有隣堂 西口店 ☎045-311-6265
ゆうりんどう にしぐちてん

バス乗り場
のりば

ロータリー

東急ホテル
とうきゅう

岡田屋 MORE'S
おかだや

横浜銀行
よこはまぎんこう

三菱銀行
みつびしぎんこう

三越
みつこし

依頼を断る

Refusing a request

●このユニットのねらい●

Unit Goals

◎不快な感情を与えずに、依頼を断ることができる。

Refusing requests without offending the listener

・相手の申し出を受けたり、断ったりすることができる。

Accepting and refusing offers

基本会話 Key Dialogue

テープの基本会話をよく聞いて、スミスの部分がすらすら言えるように練習しなさい。

Listen to the tape and practice the part of Mr. Smith until you can say it smoothly.

田 中：	あのう、私の友達が、英会話を習いたがってるんですけど、教えてやってもらえませんか。
スミス：	えー、英会話ですか。＜ええ＞ 毎日、けっこう宿題で忙しいし、英語はあまり使いたくないし……。大変申し訳ないんですが……。
田 中：	そうですか。うーん、残念だなあ……。
スミス：	お役に立てなくてすみません。

言いかえ練習 Variation Drill

_____のところに下の1～5の理由を入れて練習しなさい。

Practice the sentence pattern below, inserting the following reasons in the blanks.

＊依頼	いらい	request
＊断る	ことわる	to refuse
＊不快な	ふかいな	unpleasant, uncomfortable
＊申し出	もうしで	offer, proposal
＊けっこう		fairly

_____し、_____し、本当に申し訳ないんですが……。

1．頭がいたい、のどがいたい

2．からだがだるい、熱がある

3．宿題がある、アルバイトがある

4．勉強が忙しい、英語を使いたくない

5．私にとって家賃が高い、センターに近くない

＊だるい   dull, sluggish

練　習 Drills

練習会話 Supplementary Dialogues

テープの練習会話をよく聞いて、スミスやホワイトの役<ruby>役<rt>やく</rt></ruby>ができるように練習しなさい。
Listen to the conversations on the tape and practice the part of Mr. Smith or Miss White.

①依頼を断る ● Refusing a request

YMCA：　お電話代わりました。

スミス：　日本研究センターのスミスと申しますが。＜はい＞ 先日、横浜市の方からYMCAで日米教育比較について、話をするように言われたんですが。

YMCA：　ええ、ぜひお願いしたいんですが、いかがでしょう。

スミス：　<u>ええ、あのう、大変申し訳ないんですが、その頃センターで発表会がありまして……</u> ＜はあ＞ <u>いろいろ準備をしなければなりませんので……</u>。

YMCA：　そうですか。それほどお時間をとらないと思いますので、何とかお願いできないでしょうか。

スミス：　<u>ええ、日本語で発表したこともありませんし</u> ＜ええ＞、<u>準備にも時間がかかりますから。お役に立てなくてすみません。</u>

YMCA：　そうですか。それでは残念ですが、またの機会にお願いします。

②申し出を断る ● Refusing an offer

先　生：　スミスさん、引っ越したいんですって？

スミス：　ええ、そうなんです。今住んでいるところは親戚の家なんですが、ちょっと遠いものですから。

先　生：　あ、そうですか。私の知り合いで、ホームステイできるところがありますけど。

＊日米教育比較	にちべいきょういくひかく	comparison of education in Japan and the U. S.
＊発表会	はっぴょうかい	presentation of speeches
＊機会	きかい	opportunity
＊親戚	しんせき	relatives

スミス： そうですか。ありがとうございます。でも、せっかくなんですが、一人暮ら
しに慣れているので、アパートでもさがそうと思っているんです。

③申し出を受ける　● Accepting an offer

黒木先輩： ホワイトさん、この前、ビデオテープが安く買えるところがないかって言っ
てたでしょう。

ホワイト： ええ。

黒木先輩： 僕、今日買いに行くんだけど、そこの店、けっこう安いから、よかったらつ
いでに買ってきてあげますよ。

ホワイト： え、よろしいんですか。

黒木先輩： 何本ぐらいいるの？

ホワイト： 2、3本あればいいんですけど。

黒木先輩： それなら、たいして荷物にもならないし。

ホワイト： いいんですか。

黒木先輩： もちろん。

ホワイト： じゃ、ご面倒おかけしますが、よろしくお願いします。

＊知り合い	しりあい	acquaintance
＊せっかくなんですが		that's very kind of you, but 〜
＊一人暮らし	ひとりぐらし	to live alone
＊ついでに		since (I am going)
＊面倒をかける	めんどうをかける	to bother, to be a nuisance

会 話 文 Dialogues

本文のテープをよく聞きなさい。そして下線の部分がテープと同じように言えるように
しなさい。

Listen carefully to the tape. Practice until you can say the underlined sentences the same as on the tape.

場面 4. 依頼を断る ● Refusing a request

登場人物：スミス

田中（センターの受付係）

場　　所：センターの受付

田　中： おはようございます。

スミス： おはようございます。

田　中： スミスさん、あのう、ちょっとお願いしたいことがあるんですけど。

スミス： 何ですか。何でもどうぞ。

田　中： あのう、私の友達が、英会話を習いたがってるんですけど、教えてやって
　　　　 もらえませんか。

スミス： えー、英会話ですか。＜ええ＞ 毎日、けっこう宿題で忙しいし、英語はあ
　　　　 まり使いたくないし……。大変申し訳ないんですが……。

田　中： そうですか。うーん、残念だなあ……。

スミス： お役に立てなくてすみません。

田　中： いいえ、肝心の勉強がおるすになってもいけないしね。じゃ、友達には断っ
　　　　 ておきますから。

スミス： 本当にすみません。＜いえいえ＞ あ、そうそう、田中さん、＜はい＞神田の
　　　　 古本屋へ行きたいんですけど、どうやって行ったらいいんですか。

田　中： ああ、神田の古本屋だったら、都営地下鉄の三田線に乗って、神保町で降り
　　　　 るのが一番便利だと思うけど。＜三田線＞ そう。三田線は、京浜東北線の田
　　　　 町で乗り換えですよ。

スミス： あっ、そうですか。ここからどのぐらいかかりますか。

| ＊肝心の | かんじんの | vital, important |
| ＊おるすになる | | to be neglected |

田　中：　そうですね。1時間はかからないと思うけど。

スミス：　そうですか。じゃ、来週あたり行ってみます。

田　中：　そうね。

場面5．申し出を受ける　● Accepting an offer

　　　　　　　　　　　　　　　　　　　　　登場人物：スミス

　　　　　　　　　　　　　　　　　　　　　　　　　大木（27歳の大学院生）
　　　　　　　　　　　　　　　　　　　　　　　　　おおき　　さい　だいがくいんせい

（大木のアパートにスミスが電話する。）

大　木：　もしもーし。

スミス：　あ、大木さんですか。スミスです。

大　木：　あ、スミスさん。どう、元気でやってる？

スミス：　ええ、まあ何とかやっています。

大　木：　ずいぶん最近会わないねえ。＜ええ＞こないだ会ったのは一緒にハイキング
　　　　　に行った時だから、もう3か月ぐらい会ってないね。

スミス：　ええ、ご無沙汰ばかりしていまして……。

大　木：　いや、それはお互い様だけど。それで、何か用？

スミス：　ええ。今度、センターのクラスで東大の稲垣先生の『明治授業理論史研究』
　　　　　をみんなで読むことになったんですが、それが本屋になくて……。＜あ、そ
　　　　　う＞明日あたり神田へ行こうと思ってるんですけど、教育学の本を専門に
　　　　　扱っている本屋をちょっと教えていただきたいと思って、それで……。

大　木：　ふうん。で、明日行くの。＜ええ＞じゃあね、僕もちょっとほしい本がある
　　　　　から、一緒に行こうか。

＊何とかやっています	なんとかやっています	I can manage somehow
＊こないだ		the last time (we met)（＝この間）
＊ご無沙汰する	ごぶさたする	to neglect contacting you
＊お互い様	おたがいさま	so am I, that's true of both of us
＊扱う	あつかう	to deal in

スミス： そうですか。ほんとにいいんですか。＜うん＞ 実は僕、神田は初めてなので
一緒に行ってもらえればありがたいです。

大　木： あ、初めてなの。では、私がご案内させていただきます。

スミス： ではよろしくお願いいたします。

大　木： じゃ、時間は何時にしようか……。

場面6．古本屋へ行く　● Visiting a used bookstore

登場人物：スミス、大木

古本屋の店主

場　　所：神田の古本屋

スミス： 稲垣忠彦の『明治授業理論史研究』って本ありませんか。

店　主： ああ、ありませんけどね、住所氏名をそこのノートに書いてってくだされば、
お取り置きしておきますが……。

スミス： あのう、いつ頃になるでしょうか。

店　主： さあ、いつになるかはちょっとわかりませんがね。

スミス： そうですか。じゃ、けっこうです。ちょっと急ぐもんですから。

店　主： あ、そうですか。どうも。

　　　　（歩きながら）

大　木： この分じゃなさそうだね。

スミス： ええ、じゃあ、来週の水曜日の午後は国会図書館に行ってみようかな。

大　木： うん、あそこにはきっとあるよ。せっかく来たのに残念だったね。

スミス： いいえ。今日は本当にありがとうございました。

大　木： いやあ、ニューヨークにいた時は、僕がずいぶん世話になったから……。

＊この分じゃ　　　　このぶんじゃ　　　　judging from this condition（＝この分では）

＊世話になる　　　　せわになる　　　　　to be taken care of, to be helped

応用練習 Application Exercises

1. スミスになって、依頼を上手に断りなさい。

Take the part of Mr. Smith and refuse the following requests tactfully.

①大家さんに頼まれる ● A request from one's landlord

大　家：　スミスさん、息子の英語の家庭教師、ぜひお願いしたいんだけど。

スミス：　英語ですか。

大　家：　中学3年なんですけどね。

スミス：　ええ。

大　家：　週1回ぐらいでいいから、見てやってくれませんか。

スミス：　＿＿＿＿＿＿＿＿＿＿＿＿＿＿＿＿＿＿＿＿＿＿＿＿＿＿＿＿＿＿。

②聴講先の大学の先生に頼まれる
● A request from a professor at a university where one is auditing classes

先　生：　スミスさんにぜひお願いしたいことがあるんだけどね。

スミス：　はい、何でしょう。

先　生：　知り合いに頼まれたんだけど、コンピュータ・マニュアルの英訳のアルバイトをしてくれる人をさがしているんですよ。

スミス：　そうですか。

先　生：　スミスさんだったら日本語が上手だから、そんなに時間かからないでできるだろうし……、どうですか。

スミス：　＿＿＿＿＿＿＿＿＿＿＿＿＿＿＿＿＿＿＿＿＿＿＿＿＿＿＿＿＿＿。

| ＊家庭教師 | かていきょうし | tutor |
| ＊英訳 | えいやく | translation into English |

③先輩に引っ越しの手伝いを頼まれる　● A request from a sempai to help him move

スミス：　先輩、引っ越すそうですね。

先　輩：　そうなんだよ。でもまだ全然片付いてないし、けっこう荷物も多いし、や
　　　　　んなっちゃうよ。

スミス：　大変ですね。で、引っ越し、いつなんですか。

先　輩：　来週の土曜日。あ、そうだ。スミスさん、悪いけど、もし都合がついた
　　　　　ら、手伝いに来てくれない？

スミス：　_____。

2．スミスになって、次の申し出に応対しなさい。受けるか断るかは自分で考えなさい。
Take the part of Mr. Smith and either accept or refuse the following offers.

①先　生：　スミスさん、私の友達で、源氏物語の研究をしている先生がいるんだけど
　　　　　ね。

スミス：　はあ。

先　生：　横浜大学で、古典の授業を持っているんだけど……。スミスさん、もし関
　　　　　心があるようだったら、その先生、紹介しますよ。

スミス：　_____。

②＜小野：スミスの先輩＞

小　野：　スミスさん、自転車がほしいって言ってましたね。

スミス：　ええ。

＊引っ越す	ひっこす	to move
＊片付く	かたづく	to be put in order
＊やんなっちゃう		It's awful（＝いやになってしまう）
＊都合がつく	つごうがつく	to be available
＊源氏物語	げんじものがたり	Tale of *Genji*
＊古典	こてん	classics
＊関心	かんしん	interest
＊自転車	じてんしゃ	bicycle

小　野：　実は、家で新しい自転車を買ったんで、古いのがいらなくなったんだけど、
　　　　　　よかったら使いますか。

スミス：　＿＿＿＿＿＿＿＿＿＿＿＿＿＿＿＿＿＿＿＿＿＿＿＿＿＿。

③＜米田：スミスの友人＞

米　田：　スミスさん、どうしたんですか。元気がありませんね。

スミス：　ええ、実は、奨学金がなかなか振り込まれなくて困ってるんです。

米　田：　それは大変ですね。で、週末は大丈夫ですか。

スミス：　ええ、まあなんとかなると思うんですけど。

米　田：　少しお貸ししましょうか。

スミス：　＿＿＿＿＿＿＿＿＿＿＿＿＿＿＿＿＿＿＿＿＿＿＿＿＿＿。

④＜下村：スミスの友人＞

下　村：　スミスさん、旅行に行くのにカメラがないんですって？

スミス：　ええ、日本に来るとき持って来なかったんですよ。

下　村：　じゃ、私のカメラをお貸ししましょうか。

スミス：　＿＿＿＿＿＿＿＿＿＿＿＿＿＿＿＿＿＿＿＿＿＿＿＿＿＿。

＊実は	じつは	as a matter of fact
＊奨学金	しょうがくきん	scholarship
＊振り込む	ふりこむ	to transfer money to one's account

助言を求める
Seeking advice

- ●このユニットのねらい●
Unit Goals

◎相談にのってもらうことができる。
Asking for advice

基本会話 Key Dialogue

テープの基本会話をよく聞いて、スミスの部分がすらすら言えるように練習しなさい。
Listen to the tape and practice the part of Mr. Smith until you can say it smoothly.

スミス： ところで、先生、ちょっとご相談したいことがあるんですが。

清水先生： はい、何ですか。

スミス： 実は、囲碁の先生から、息子さんに英語を教えてやってほしいと言われまして……。

清水先生： あ、そうですか。

スミス： ええ、それでちょっと断りにくくて困ってるんです。

言いかえ練習 Variation Drill

＿＿＿＿＿のところに適当な言葉を入れて、下の1〜4について相談する練習をしなさい。
Use the dialogue below to ask for advice in situations 1-4.

A： あのう、ちょっとご相談したいことがあるんですが。

B： はい、何ですか。

A： 実は、＿＿＿＿＿＿＿＿＿＿＿＿＿＿＿＿＿＿＿＿＿＿＿まして……。

それで、断りにくくて困ってるんです。

＊助言　　　　　　じょげん　　　　　　　　advice

1．ある法律事務所から、3か月仕事をしてほしいと頼まれた。

2．週2回英語を教えている英語学校から昨日の夜電話があって、来月からは週4回にしてほしいと言われた。

3．知人から、英語の校正の仕事をしてほしいと頼まれた。

4．知人が海外出張に行くので、通訳として同行してくれないかと頼まれた。

＊法律事務所	ほうりつじむしょ	a law office
＊知人	ちじん	an acquaintance
＊校正	こうせい	proofreading
＊海外出張	かいがいしゅっちょう	business trip abroad
＊通訳	つうやく	interpreter
＊同行する	どうこうする	to go with, to accompany

練 習 Drills

練習会話 Supplementary Dialogues 📼

テープの練習会話をよく聞いて、スミスやホワイトの役ができるように練習しなさい。
Listen to the conversations on the tape and practice the part of Mr. Smith or Miss White.

①日本語の勉強について助言を求める ● Seeking advice on studying Japanese
じょげん　もと

スミス： 先生、ちょっとご相談したいことがあるんですが。

先　生： はい、何でしょう。

スミス： 実は、日本語の勉強のことなんですが。

先　生： どんなことですか。

スミス： ええ、まあ、センターで数か月勉強したおかげで、ずいぶん力がついたと思うんですが。

先　生： ええ、そうですね。

スミス： でも、なかなか漢字が覚えられなくて……。

先　生： そうですか。

スミス： ええ、何かいい方法、ないでしょうか。

先　生： そうですね。やっぱり、毎日少しずつ覚えるしかないと思いますよ。漢字コースをもっと積極的に利用したらどうですか。

②新聞の勧誘について助言を求める ● Seeking advice on dealing with a door-to-door newspaper salesman
しんぶん

ホワイト： 新聞の勧誘って、どうしてあんなにしつこいんでしょう。田中さんのところも同じですか。

田　中： ええ、もちろんですよ。

＊力がつく	ちからがつく	to improve one's ability
＊なかなか～ない		not easily
＊少しずつ	すこしずつ	step by step, little by little
＊積極的に	せっきょくてきに	positively
＊勧誘	かんゆう	solicitation

ホワイト： こないだもね、＜うん＞ 最初の1か月はただにするからとか、洗剤やビール券をあげるからぜひ取ってほしいとかって、10分も20分も帰らないんですから。＜ふうーん＞ 田中さんはそういう時どうしてるんですか。

田　中： そうね、僕の場合、いま取ってる新聞の販売店には義理があるとか、あそことは親戚だとか言うんですよ。

ホワイト： それで、すぐ帰りますか。

田　中： まあ、それでだいたい帰って行きますねえ。

ホワイト： ふうーん。

田　中： でも、ホワイトさんの場合には、そういうふうにはいかないし。

ホワイト： ええ。何か、断るのにいい理由はないでしょうか。

田　中： そうですね。例えば、日本語がわからないふりをするとか。

ホワイト： そんな嘘、言いたくないし。

田　中： まあ、確かに嘘は嘘だね。困ったなあ……。じゃ、センターで取っているって言えば？

ホワイト： あ、それはいいですね。

＊洗剤	せんざい	detergent, cleanser
＊ビール券	ビールけん	gift certificate for beer
＊ぜひ		by all means
＊取る	とる	to subscribe to (a newspaper)
＊販売店	はんばいてん	store, shop
＊義理がある	ぎりがある	to lie under an obligation to (someone)
＊親戚	しんせき	relatives
＊ふりをする		to pretend
＊嘘	うそ	a lie

会 話 文 Dialogues 🔲

本文のテープをよく聞きなさい。そして、下線の部分がテープと同じように言えるよう
にしなさい。

Listen carefully to the tape. Practice until you can say the underlined sentences the same as on the tape.

場面7. 人から頼まれたことについて相談する ● Seeking advice on handling a request

登 場 人 物：スミス

清水先生

場　　　所：センターの職員室

スミス：　あ、先生、ちょっと失礼します。

清　水：　はい、どうぞ。

スミス：　あのう、クラスで読む本のことなんですが……。

清　水：　あ、あの本ありましたか。

スミス：　ええ、神田であちこちさがしたんですが、どこにもなくて……。＜そうです
　　　　　か＞仕方がないので、昨日、国会図書館に行ってコピーを頼んできました。

清　水：　ああ、大変でしたね。

スミス：　ええ。でも、一度に全部はできなくて、来週の火曜日までかかるんですが、
　　　　　今度の読み物はどうしたらいいでしょうか。

清　水：　うーん、そうですねえ。まあ、最初の時間は、日本の教育の現状について話
　　　　　し合うとかしてもいいから、読むのは再来週からにしましょう。

スミス：　はい、わかりました。

　　　　　ところで、先生、ちょっとご相談したいことがあるんですが。

清　水：　はい、何ですか。

スミス：　実は、囲碁の先生から、息子さんに英語を教えてやってほしいと言われま
　　　　　して……。

清　水：　あ、そうですか。

スミス：　ええ、それでちょっと断りにくくて困ってるんです。

---

*現状　　　　　　　げんじょう　　　　　　the present condition
*再来週　　　　　　さらいしゅう　　　　　the week after next

清　水：　そうですね。日頃お世話になっている先生から頼まれると、確かに断りにく
　　　　　いですからね。

スミス：　ええ、そうなんです。

清　水：　まあ、日本にいる間はできるだけ日本語を使いたいとか、センターの勉強が
　　　　　忙しくて時間がないとか、そんなふうに言って断ったらどうですか。

スミス：　ええ、私もそういうふうに言ったんですけど、そこをなんとか、っておっ
　　　　　しゃるんですよ。

清　水：　それは困りましたね。

スミス：　ええ。

清　水：　じゃ、先生が英語を教えてはいけないって言ったって言えばいいですよ。

スミス：　ああ、それはいいですね。どうもありがとうございました。そう言ってみま
　　　　　す。

| ＊日頃 | ひごろ | usually, habitually |
| ＊お世話になる | おせわになる | to owe much |

場面 8. 大木先輩にお礼の手紙を出す ● Writing a thank-you letter to Mr. Ohki

大木様

1月20日

　相変わらず寒い日が続いておりますが、お元気でお過ごしのことと存じます。

　先日はお忙しい中、神田に連れて行っていただき、ありがとうございました。本当に面白いところで、時間の経つのも忘れてしまいました。これから時々行って、論文の資料集めなどもしようと思っています。さがしていた本は結局、国会図書館でコピーしました。みんなで読むのですが、自分の割り当てのところは、みんなのために単語表を作るので、けっこう時間がかかります。

　センターでのプログラムも後半に入って、自分の興味がある分野について勉強できるようになり、張り切っております。

　まだ寒い日が続くと思いますが、風邪などひかぬよう お気をつけください。

デビッド・スミス

＊時間が経つ	じかんがたつ	time passes
＊論文	ろんぶん	thesis, essay
＊資料集め	しりょうあつめ	gathering materials
＊割り当て	わりあて	assigned portion
＊単語表	たんごひょう	word list
＊張り切る	はりきる	to be enthusiastic about

場面9. 聴講について相談する ● Seeking advice about auditing a course

登場人物：スミス、清水先生

場　　所：センターのラウンジ

（スミスと先生は大学の便覧を見ている。）

スミス：　この教育史は聞いた方がいいでしょうか。

清　水：　ええ、いいと思いますよ。通史的に概観を知っておかなくてはね。

スミス：　それから、これはどうでしょうか。

清　水：　教育心理学ですね。内容的にはスミスさんの知っていることばかりだと思う
　　　　　けど、日本語の語彙を覚えて日本人といろいろ話せるようにするためには、
　　　　　やはり取った方がいいかもしれませんね。

スミス：　あ、そうですね。それから、大学の講義が全部わかるかどうか心配なんです
　　　　　が、録音を取らせていただくことはできるでしょうか。

清　水：　さあ、それは、その先生、その先生で快く許してくれる人もいるし、嫌だっ
　　　　　て言う人もいるかもしれませんね。まあ、お願いしてみて、許可が出てから
　　　　　した方がいいと思いますよ。

スミス：　わかりました。

清　水：　でも、後で聞き直すのはなかなか大変ですよ。時間もかかるし、聞きにくい
　　　　　し。それより、友達を作って、その人のノートを見せてもらった方がいいと
　　　　　思いますよ。

スミス：　そうですね。そうします。今日はお忙しいところ、どうもありがとうござい
　　　　　ました。

清　水：　いいえ、どういたしまして。

＊聴講	ちょうこう	auditing (a course at a university)
＊便覧	びんらん	handbook, bulletin
＊通史的	つうしてき	historical, diachronic
＊概観	がいかん	overview
＊語彙	ごい	vocabulary
＊録音を取る	ろくおんをとる	to record on a tape
＊快く	こころよく	with pleasure
＊許可	きょか	permission

応用練習 Application Exercises

次のようなことについて、相談する練習をしなさい。
Ask for advice about the following problems.

1. センターで勉強を始めて数か月になります。これまでの勉強の結果、ずいぶんスムーズに話せるようになりましたが、一方で、発音のくせがなかなか直りません。どうすれば正しく、美しい発音ができるようになるか、先生に相談しなさい。
   It has been several months since you started your studies at the Center. Thanks to those studies you have become able to talk quite smoothly but your bad habits in pronunciation remain unchanged. Consult with your teacher about what you should do to achieve a correct, pleasant-sounding pronunciation.

2. センターで勉強を始めて数か月になります。これまでの勉強の結果、単語やパターン、文法をかなり覚えましたが、話すときになかなかスムーズに出てきません。スムーズに話せるようになるにはどうすればいいか、先生に相談しなさい。
   You have been studying at the Center for several months. Thanks to your studies you have learned much grammar, vocabulary, and sentence patterns but you still have trouble speaking smoothly. Consult with your teacher about what you should do to become able to speak more smoothly.

3. アパートの大家さんがすぐ隣に住んでいます。大家さんの奥さんはとても親切な方で、机、ポット、電気スタンド、掃除機などいろいろなものをくれたり、晩ご飯を持ってきてくれたりします。あまりいろいろなことをしてくれるので、少し困っています。どうすればいいか、先生に相談しなさい。
   Your landlord and landlady live next door to your apartment building. Your landlady is a very kind person and is always bringing you dinner or giving you things like a desk, vacuum hot water bottle, desk lamp, and vacuum cleaner. But actually she does a little too much for you. Consult with your teacher about what to do about the situation.

4. 研究テーマは日本の古代史です。センターが終わったら、もう1年日本に残って研究

＊スムーズに		smoothly
＊発音	はつおん	pronunciation
＊くせ		bad habit
＊ポット		vacuum bottle for hot water
＊電気スタンド	でんきスタンド	desk lamp
＊掃除機	そうじき	vacuum cleaner
＊研究テーマ	けんきゅうテーマ	subject of study
＊古代史	こだいし	ancient history

しようと考えています。古代史についての資料は関西に多いのですが、指導や助言を
してくれる人は東京に多くいます。来年、大阪と東京のどちらに住むのがいいか、先
生に相談しなさい。

Your research topic is ancient Japanese history, and you are planning to stay on in Japan and do research for another year after finishing the Center program. The research materials in ancient history are plentiful in the Kansai region but the people who can give you advice and guidance are concentrated in Tokyo. Consult with your teacher about whether it would be better to live in Tokyo or Osaka next year.

5．来日前に、アメリカの大学の先生から横浜大学の柴田先生を紹介してもらいました。
柴田先生の住所と電話番号は聞いていますが、実際にどのような手順で連絡を取れば
いいのかわかりません。先生に相談しなさい。

Before you came to Japan a professor at an American university gave you the name of Professor Shibata at Yokohama University. You have Professor Shibata's address and telephone number but are not sure exactly how you should approach him. Ask your teacher how to go about it.

6．その他、先生に何か相談しなさい。（相談内容は自分で考えなさい。）

Consult with your teacher about a problem. (Think of a topic yourself.)

＊指導する	しどうする	to guide
＊来日前	らいにちまえ	before coming to Japan
＊紹介する	しょうかいする	to introduce
＊手順	てじゅん	procedure, manner
＊連絡を取る	れんらくをとる	to get in touch with

第 3 部

伝言を頼む・伝える
Leaving and passing on messages

● このユニットのねらい ●
Unit Goals

◎ 伝言を頼むことができる。

Leaving a message

・伝言を引き受けることができる。

Taking a message

・伝言を伝えることができる。

Passing on a message

基本会話 Key Dialogue 🔲

テープの基本会話をよく聞いて、山田の部分がすらすら言えるように練習しなさい。
Listen to the tape and practice the part of Miss Yamada until you can say it smoothly.

山　田：　あのう、恐れ入りますが、スミスさん、お願いしたいんですが。

石　川：　スミスさんですね。＜はい＞ ちょっとお待ちください。……スミスさん、
　　　　　まだ帰ってないようです。

山　田：　あ、そうですか。＜はい＞ それじゃ、大変申し訳ないんですが、＜はい＞
　　　　　こうお伝えいただけませんか。＜はい、どうぞ＞ あの、私、山田と申しま
　　　　　すが、＜はい＞ 明後日の夜の能の切符が2枚あるんです。＜はい＞ それ
　　　　　で、もし行けるようでしたら、今晩にでも電話してほしいと、＜はい＞ こ
　　　　　のようにお伝えいただけますでしょうか。

＊伝える	つたえる	to pass on a message
＊明後日	あさって	the day after tommorrow
＊能	のう	Noh play

言いかえ練習 Variation Drill

友人の高田に電話をしたら留守でした。電話に出た高田のお母さんに、例にならって伝
言を頼みなさい。

Your friend Mr. Takada was out when you telephoned. Leave a message for him with his mother as in the examples.

①例：明後日の夜の能の切符が2枚ある。行けるようだったら、今晩にでも電話がほしい。

> → 明後日の夜の能の切符が2枚あるんです。それで、もし行けるようでしたら
> 今晩にでも電話してほしいと、このようにお伝えいただけますでしょうか。

1. 高田に辞書を貸してある。その辞書を明日学校に持ってきてほしい。

2. 明日学校を休まなければならない。教材を受け取っておいてほしい。

3. 授業が始まる前に渡したいものがある。明日早めに来てほしい。

4. 今日6時に約束していたが、急に面接の予定が入ってしまって少し遅くなってしま
いそうなので、約束の時間を7時に変えてほしい。

駅の伝言板

---

*渡す	わたす	to hand, to give
*早め	はやめ	earlier than usual
*約束する	やくそくする	to make an appointment
*面接	めんせつ	interview

②例：明日読書会を予定していたが、先生の都合が悪くなったので、中止になった。

> 実は、明日読書会を予定していたんですが、先生の都合が悪くなってしまい
> まして、読書会は中止になりましたので、そのようにお伝えいただけますで
> しょうか。

1．明日の午後、論文の中間発表会を予定していたが、先生の都合で、来週の土曜日の
   10時からということになった。

2．コンサートのチケットを頼まれていたが、買いに行ったら、もう売り切れてしまっ
   ていた。

3．貸してくれるように頼んだ本を買うことにした。

＊読書会	どくしょかい	reading circle
＊中止になる	ちゅうしになる	to be called off
＊論文	ろんぶん	thesis
＊中間	ちゅうかん	interim

練 習 Drills

練習会話 Supplementary Dialogues

テープの練習会話をよく聞いて、スミスやホワイトの役ができるように練習しなさい。
Listen to the conversations on the tape and practice the part of Mr. Smith or Miss White.

①外為課の井上さんに電話する ● Telephoning Mr. Inoue in the foreign exchange section

阿　部：　はい、外為課でございます。

スミス：　私、スミスと申しますが、恐れ入りますが、井上さんお願いします。

阿　部：　あっ、あの、井上はただいま席をはずしておりますが。

スミス：　あ、そうですか。では、あの、お戻りになりましたら、スミスまでお電話く
　　　　　ださるよう、お伝えいただけますでしょうか。

阿　部：　はい、かしこまりました。

スミス：　私の電話番号は、045-212-3046です。

阿　部：　はい、045-212-3046、スミス様ですね。

スミス：　はい、そうです。では、よろしくお願いいたします。

②山川商事営業課の長島さんに電話する
● Telephoning Miss Nagashima in the sales section of the Yamakawa Trading Company

坂　東：　はい、山川商事、営業課でございます。

ホワイト：　私、ホワイトと申しますが、長島さんお願いします。

坂　東：　あっ、申し訳ございませんが、長島はただいま外出しておりますが。

ホワイト：　あ、そうですか。じゃ、電話があったことだけお伝えいただけますか。

坂　東：　はい、かしこまりました。ホワイトさんですね。

ホワイト：　はい。ではよろしくお願いします。

＊外為課	がいためか	foreign exchange section（＝外国為替課）
＊山川商事	やまかわしょうじ	Yamakawa Trading Company
＊営業課	えいぎょうか	sales section
＊外出する	がいしゅつする	to be out

③伝言を引き受けることを申し出る　● Offering to take a message
＜山下：スミスのルームメイト＞

スミス：　もしもし。

斎　藤：　もしもし。私、斎藤と申しますが、山下さんいらっしゃいますでしょうか。

スミス：　あ、山下さんはまだ帰っていないんですけど。

斎　藤：　ああ、そうですか。

スミス：　あのう、<u>何かおことづけがありましたら、うかがっておきますが。</u>

斎　藤：　あ、そうですか。<u>それでは申し訳ないんですが、このようにお伝えいただけ</u>
　　　　　<u>ますでしょうか。</u>

スミス：　はい。

斎　藤：　<u>実は、明日研究会を予定していたんですが、先生のご都合が悪くて中止にな</u>
　　　　　<u>りましたので、そのようにお伝えいただけますでしょうか。</u>

スミス：　はい、明日の研究会が中止になったんですね。

斎　藤：　はい、そうです。

スミス：　わかりました。斎藤さんですね、<u>お伝えしておきます。</u>

斎　藤：　よろしくお願いします。では、ごめんください。

スミス：　はい、ごめんください。

④木村先生の夫人に伝言を頼む　● Leaving a message for Professor Kimura with his wife

木村夫人：　はい、木村でございます。

ホワイト：　あ、夜分恐れ入ります。<u>私、横浜大学でお世話になっておりますホワイトと</u>
　　　　　　<u>申しますが、木村先生いらっしゃいますでしょうか。</u>

木村夫人：　ああ、ただいま、出張で京都へ行っておりまして。

ホワイト：　ああ、そうですか。

木村夫人：　ええ、明日の夕方には戻りますが。

| ＊夜分 | やぶん | night |
| ＊出張 | しゅっちょう | business trip |

ホワイト：　そうですか。それでは、大変申し訳ございませんが、おことづけをお願いできますでしょうか。

木村夫人：　はい、どうぞ。

ホワイト：　あのう、今度の研究会のことなんですが、＜はい＞　明後日の木曜日の2時からということになりましたので、＜はい＞　そのようにお伝えいただけますでしょうか。

木村夫人：　はい、研究会が明後日の2時からになったんですね。

ホワイト：　はい、そうです。

木村夫人：　はい、戻りましたら、そのように伝えておきます。

ホワイト：　申し訳ございませんが、どうぞよろしくお願いします。

木村夫人：　はい、かしこまりました。

ホワイト：　それでは、失礼します。

木村夫人：　ごめんくださいませ。

⑤友人のルームメイトに伝言を頼む　● Leaving a message with a friend's roommate
＜島岡：スミスの友人、木下：島岡のルームメイトでスミスもよく知っている＞

木　下：　もしもし。

スミス：　あ、こんにちは。スミスです。

木　下：　ああ、スミスさん。

スミス：　この間はどうもお邪魔しちゃってすみませんでした。

木　下：　いえ、いえ、あ、島岡でしょ。

スミス：　ええ、すみません。お願いします。

木　下：　今日はまだ帰ってないよ。

スミス：　あ、そうですか。何時ごろ帰ってくるかわかります？

木　下：　さあ、ちょっとわからないなあ。

スミス：　そうですか。それじゃ、おことづけお願いできますか。

木　下：　うん、どうぞ。

＊お邪魔する　　　ぉじゃまする　　　to visit

93

スミス： 実は、今度の研究会のことなんですが、＜ええ＞明後日の木曜日の2時から
ということになったんで、そのように言っといてくれませんか。

木下： 研究会が明後日の2時、ね。

スミス： そうです。

木下： うん、わかった。

スミス： じゃ、そういうことで。

木下： うん、じゃ、また。

スミス： よろしく。

⑥飯田の留守番電話に録音する　● Leaving a message on the Iida's answering machine

留守番電話： はい、飯田です。申し訳ございません、ただ今留守にしております。ピー
という発信音の後に、お名前とご伝言をお願いします。（ピー）

ホワイト： あ、あのう、ホワイトです。このあいだ、お貸ししたテープのことなんで
すけど、そろそろ私も使おうと思いますので、明日あたり学校に持ってき
ていただけないでしょうか。よろしくお願いします。

⑦川口の留守番電話に録音する　● Leaving a message on the Kawaguchi's answering machine

留守番電話： はい、川口です。ただ今外出中です。こちらから、折り返しお電話いたし
ますので、ピーという発信音の後にお名前とお電話番号をおっしゃってく
ださい。（ピー）

スミス： こんばんは、スミスです。電話番号はわかってると思いますけど、980-9801
です。お電話お待ちしてます。

＊留守番電話	るすばんでんわ	answering machine
＊録音する	ろくおんする	to record
＊発信音	はっしんおん	signal
＊折り返し電話する	おりかえしでんわする	to ring back

会話文 Dialogues 📼

本文のテープをよく聞きなさい。そして下線の部分がテープと同じように言えるように
しなさい。

Listen carefully to the tape. Practice until you can say the underlined sentences the same as on the tape.

場面1. 伝言を頼む ● Leaving a message

登場人物：石川（寮の管理人）

山田（スミスの友達）

場　所：寮

石　川：　もしもし、千代田建設、横浜寮です。

山　田：　あのう、恐れ入りますが、スミスさん、お願いしたいんですが。

石　川：　スミスさんですね。＜はい＞ ちょっとお待ちください。……スミスさん、
まだ帰ってないようです。

山　田：　あ、そうですか。＜はい＞ それじゃ、大変申し訳ないんですが、＜はい＞
こうお伝えいただけませんか。＜はい、どうぞ＞ あの、私、山田と申しま
すが、＜はい＞ 明後日の夜の能の切符が2枚あるんです。＜はい＞ それ
で、もし行けるようでしたら、今晩にでも電話してほしいと、＜はい＞ こ
のようにお伝えいただけますでしょうか。

石　川：　ええと、明後日の晩ですね。＜はい、そうです＞ あのう、スミスさんはそち
らの電話番号ご存じでしょうか。

山　田：　はい、知っていると思いますが、念のため申し上げます。＜はい、どうぞ＞
えーと、212の3046です。

石　川：　212の3046ですね。＜はい＞ 山田さんですね。

山　田：　はい、そうです。どうも、ご面倒をおかけして、大変申し訳ありませんがよ
ろしくお願いいたします。

石　川：　はい、かしこまりました。

| ＊管理人 | かんりにん | a concierge |
| ＊念のため | ねんのため | by way of precaution, to be sure |

山　田：　それでは、失礼いたします。

石　川：　はい、どうも。

場面2．伝言を伝える　● Passing on a message

登場人物：石川（寮の管理人）

スミス

場　　所：寮

石　川：　あ、スミスさん、夕方、山田さんという人から電話がありましてね。

スミス：　あ、どうもすみませんでした。留守にしてまして。

石　川：　いえ、それで……と、明後日の夜の能の切符があるので＜はい＞もし行けるようだったら、今晩にでも電話してほしいということでした。

スミス：　わかりました。どうもありがとうございました。

石　川：　いえ、どういたしまして。あのう、山田さんの電話番号、おわかりですか。

スミス：　はい、知ってます。どうもお手数をおかけしました。

石　川：　いいえ。

応用練習　Application Exercises

Ⅰ. 伝言を頼む　Leaving a message

あなたは今、横浜大学の木村先生のゼミに聴講に行っています。そこで、アメリカに留学したことのある山田孝さん（男性）、小川京子さん（女性）と友達になりました。山田さんは横浜大学の日の出寮に住んでいます。小川さんは自宅から通っています。用事があって電話しましたが、留守でした。寮の人、または家の人に伝言を頼みなさい。

You are presently auditing a class at Yokohama University taught by Professor Kimura. You have become friends there with Yamada Takashi (male) and Ogawa Kyoko (female), both of whom have studied in the United States. Mr. Yamada is living in the Yokohama University Hinode Dorm while Miss Ogawa is commuting from home. You tried calling them but they were out. Leave a message at the dorm or with Miss Ogawa's family.

1.　山田さん（寮）に電話しなさい。　　Telephone Mr. Yamada at the dorm.

①山田さんに本を貸してある。レポートを書くためにその本が急に必要になった。山田さんとは、明日木村先生のゼミで会う。

You have lent a book to Mr. Yamada. Now you suddenly need it in order to write a report. You will be meeting him at Professor Kimura's seminar tomorrow.

②歌舞伎を研究している友人から歌舞伎の切符を2枚もらったので、山田さんと一緒に行こうと考えた。歌舞伎は明日の夕方である。

You have received two kabuki tickets from a friend researching kabuki and you wonder if Mr. Yamada would like to go with you. The kabuki performance is tomorrow night.

③明日の午後、山田さんと会う約束をしていたが、来日中のアメリカの先生から急に電話がかかってきて、明日の午後その先生に会うことになってしまい、山田さんとは会えなくなってしまった。山田さんには明日の夜にでもまた電話するつもりである。

You have an appointment with Mr. Yamada for tomorrow afternoon. However you got a sudden call from an American professor now in Japan and are meeting him tomorrow so you won't be able to meet Mr. Yamada. You plan to call Mr. Yamada again, probably tomorrow night.

＊ゼミ　　　　　　　　　　　　　　　seminar
＊来日中　　　　　らいにちちゅう　　while in Japan

2. 小川さん(自宅)に電話しなさい。　Call Miss Ogawa at her home.

①休暇中の課題図書の一覧表を小川さんにファックスで送ってもらうことになっていたが、まだ届いていない。すぐに送ってほしい。

Miss Ogawa was supposed to send a copy of the vacation reading list to you by fax but it hasn't come yet. You'd like to have it soon.

②明日研究会を予定していたが、先生の都合が悪くなって中止になった。

There was a *kenkyukai* scheduled for tomorrow but it has been cancelled because the professor can't come.

③小川さんに頼まれていた論文が手に入った。

You now have a copy of the paper that Miss Ogawa wanted.

3. 木村先生に電話しなさい。　Call Professor Kimura.

①急用ができて、明日の研究会に出席できなくなった。

Something came up suddenly and you won't be able to attend tomorrow's *kenkyukai*.

②ゼミの友達と先生とで毎月読書会をしている。今月の読書会が今日あったが、先生は都合により出席できなかった。次回の読書会の予定を知らせる。来月の10日、土曜日の2時から、いつもと同じ所で行う。

You have a reading circle meeting each month with Professor Kimura and friends from the seminar. This month's meeting was held today, but Professor Kimura wasn't able to attend. Tell him about the next meeting of the reading circle. It will be Saturday the tenth of next month from 2 p.m. at the usual place.

③日曜日に大学のグラウンドを借りてソフトボール大会をする予定だったが、サッカーの試合があるということで、大学のグラウンドが借りられなかった。それで、市民グラウンドを借り、そこでソフトボール大会をすることになった。

Although the plan was to rent the university field on Sunday for a softball tournament, the university field wasn't available due to a soccer game. It has been arranged to rent a public field and hold the softball tournament there instead.

＊休暇	きゅうか	vacation
＊課題図書	かだいとしょ	reading assignment
＊一覧表	いちらんひょう	list
＊ファックス		facsimile
＊グラウンド		athletic field
＊ソフトボール大会	ソフトボールたいかい	softball tournament

II. 伝言を伝える　Passing on a message

あなたは先週の土曜日、研究のために来日しているアメリカのアンダーソン先生と、六本木の国際文化会館で会った。アンダーソン先生は15年前のセンターの学生で、高橋先生をよく知っている。高橋先生に①〜④の内容を伝えなさい。

Last Saturday you met Professor Anderson, an American professor in Japan for research, at the International House in Roppongi. Professor Anderson was a student at the Center fifteen years ago and knows Takahashi Sensei well. Give Takahashi Sensei the following messages.

①アンダーソン先生は、ぜひ高橋先生に会いたいので、近いうちに高橋先生に電話する、と言っていた。

Professor Anderson strongly wants to meet Takahashi Sensei and will telephone him/her soon.

②アンダーソン先生は、今週の土曜日の東方学会で研究発表をするので、ぜひ高橋先生に聞きに来てほしい、と言っていた。また、東方学会が終わった後、一緒に食事したい、と言っていた。

Professor Anderson will be presenting a paper at the Toho Gakkai next Saturday and would like Takahashi Sensei to attend. He would also like to have dinner together after the Toho Gakkai meeting.

③近いうちにセンターに来るので、そのときにお昼でも一緒にして、ゆっくり話をしたい、と言っていた。

He will be visiting the Center soon and hopes to be able to eat lunch together and have a good chat then.

④アンダーソン先生は高橋先生に会いたいが、もう帰国するのでくれぐれもよろしく伝えてほしい、と言っていた。来年の春にまた日本に来ることがあるので、そのときはぜひ会いたい、と言っていた。

Professor Anderson would like to see Takahashi Sensei but unfortunately won't be able to before returning to the United States. However, he will be coming to Japan again next spring and definitely wants to meet together then.

＊東方学会　　とうほうがっかい　　[name of a scholarly association]
＊研究発表　　けんきゅうはっぴょう　presentation of the results of one's study

誘 う
Invitations

-------●このユニットのねらい●-------
Unit Goals

◎ 相手のことを考えながら、映画などに誘うことができる。
　　Asking someone out to a movie or the like

・ 不快な感じを与えずに、誘いを断ることができる。
　　Declining without giving offence

・ 待ち合わせの場所や時間を、話し合って決めることができる。
　　Setting the meeting time and place

基本会話 Key Dialogue

テープの基本会話をよく聞いて、それぞれの部分がすらすら言えるように練習しなさい。

Listen to the tape and practice until you can easily say the conversation.

山　田：	スミスさんは能に興味がありますか。
スミス：	ええ、あまりよくは知りませんが、ぜひ一度見たいと思っていたんです。
山　田：	ああ、そうですか。実は、友達から切符を2枚もらったんですが、よかったら一緒に行きませんか。
スミス：	あ、そうですか。でもいいんですか。
山　田：	ええ、もちろん。

言いかえ練習 Variation Drill

例にならって、下の1～5の場合に友達や先生を誘う練習をしなさい。
Practice issuing an invitation to a friend or teacher as in the example.

例：友達から切符を2枚もらった。

［友達を誘う］

→ 実は友達から切符を2枚もらったんですが、よかったら一緒に行きませんか。

［先生を誘う］

→ 実は友達から切符を2枚もらったんですが、よろしかったら先生、ご一緒にいかがでしょうか。

1．相撲の切符が2枚ある。

2．学校で歌舞伎の切符をもらった。

3．文楽を研究している友人に文楽の切符をもらった。

4．知人からボリショイ・バレエ団の公演の切符をもらった。

5．父が知り合いからウィーン・フィルのコンサートの切符をもらってきた。

＊相撲	すもう	sumo match
＊歌舞伎	かぶき	Kabuki performance
＊文楽	ぶんらく	Bunraku puppet show
＊研究する	けんきゅうする	to study, to research
＊公演	こうえん	performance
＊知り合い	しりあい	acquaintance
＊ウィーン・フィル		Vienna Philharmonic Orchestra

練　習 Drills

練習会話 Supplementary Dialogues 📼

テープの練習会話をよく聞いて、それぞれの役ができるように練習しなさい。

Listen to the conversations on the tape and practice the different parts.

①誘いを断る（その１）　● Refusing an invitation (1)

長谷川：　<u>今度の土曜日、何か予定ありますか</u>。

ホワイト：　うーん、ちょっと手帳を見てみないとわかりませんけど。

長谷川：　あのう、<u>よかったら、映画でも見に行きませんか</u>。

ホワイト：　映画ですか。今、何かいいのやってますか。

長谷川：　ええ、ゴールデン・ウィークですから、いろいろ面白いのやってますよ。

ホワイト：　うーん、でもゴールデン・ウィークの映画館って込んでいるんじゃない？

長谷川：　ええ、まあ、すいてはいないと思いますけど。

ホワイト：　私、<u>人ごみってあんまり好きじゃないし……</u>。

長谷川：　ええ、まあ僕もそうですけど。

ホワイト：　ちょっと待ってください。ああ、<u>今度の土曜日はちょっと……</u>。

長谷川：　ええっ、そうですか。じゃ、日曜日は？

ホワイト：　日曜日は、お芝居を見に行く約束をしてるし……。

長谷川：　じゃ、来週はどうですか。

ホワイト：　うーん、<u>そのときになってみないとちょっと</u>。

長谷川：　ああ、そうですか。

＊手帳	てちょう	pocket schedule
＊ゴールデン・ウィーク		Golden Week［the week between April 29 and May 5］
＊人ごみ	ひとごみ	crowd (of people)
＊芝居	しばい	play, theatrical performance

②誘いを断る（その2）　● Refusing an invitation (2)

山　田：　スミスさん、歌舞伎見たことありますか。

スミス：　ええ、前に一度テレビで見たことがありますけど。

山　田：　ああ、そう。実は、母が知り合いの人から歌舞伎の切符をもらってきたんですけど、よかったら一緒にどうかなと思って。

スミス：　うーん、そうですね。まあ。歌舞伎はとてもきれいだとは思いますけど、言葉がほとんどわかりませんから……。

山　田：　ああ、そうですか。日本人でもあまりわからないくらいですからね。

スミス：　ああ、そうですか。

山　田：　ええ、そうなんですよ。でも、まあ一度くらい本物を見るのもいいんじゃないですか。

スミス：　ええ、でも、やっぱり言葉がわからないと、ストーリーも全然わかりませんし、それに、最近学校の勉強が忙しくて。

山　田：　そうですか。

スミス：　ええ。

山　田：　じゃ、また今度時間があるときに一緒に行きましょう。

スミス：　ええ、せっかく誘っていただいて、申し訳ないんですが。

場面練習　Situation Practice

上の会話を参考にして、「誘い」を断りなさい。誘う内容は、言いかえ練習（p. 101）の場面を使いなさい。

Practice refusing, referring to the patterns used in the above dialogues. (Use the invitations from the Variation Drill on page 101.)

会 話 文 Dialogues

本文のテープをよく聞きなさい。そして下線の部分がテープと同じように言えるように
しなさい。

Listen carefully to the tape. Practice until you can say the underlined sentences the same as on the tape.

場面 3．誘いを受ける ● Accepting an invitation

登場人物：山田

スミス

スミス：　もしもし。

山　田：　はい、山田でございます。

スミス：　こんばんは、スミスです。

山　田：　あ、スミスさん、お元気ですか。

スミス：　ええ、おかげさまで。<u>あの、夕方、お電話いただいたそうで。</u>＜ええ＞ 留守
　　　　　にしていまして、すみませんでした。

山　田：　あ、いいえ。

スミス：　で、能のことで何か……。

山　田：　ええ、あのう……、

　　　　　<u>スミスさんは能に興味がありますか。</u>

スミス：　ええ、あまりよくは知りませんが、<u>ぜひ一度見たいと思っていたんです。</u>

山　田：　ああ、そうですか。<u>実は</u>、友達から切符を2枚もらった<u>んですが、よかっ
　　　　　たら一緒に行きませんか。</u>

スミス：　あ、そうですか。でもいいんですか。

山　田：　ええ、もちろん。

　　　　　でね、場所は水道橋の能楽堂なんです。

スミス：　あ、僕、まだ行ったことがないんですけれど。

山　田：　<u>それじゃ、どこかで待ち合わせてから行きましょうか。</u>

＊水道橋	すいどうばし	［place/station name］
＊能楽堂	のうがくどう	Noh theater
＊待ち合わせる	まちあわせる	(to arrange) to meet

スミス： ええ、<u>そうしていただけると、ありがたいんですが。</u>

山　田： それじゃあね、＜はい＞　ＪＲの水道橋、わかりますか。総武線で御茶ノ水の
次の駅なんですが、＜はい、わかります＞　じゃあ、<u>御茶ノ水寄りの改札口を
出たところで待ち合わせましょうよ。</u>

スミス： はい。水道橋の御茶ノ水寄りの改札口を出たところですね。

山　田： ええ、そうです。ええと、6時から始まりますから、＜6時からですね＞　え
え、だから15分前にしましょうか。

スミス： はい。6時15分前ですね。＜ええ＞　じゃ、楽しみにしています。

山　田： <u>では、明後日、5時45分に。</u>

スミス： <u>ええ。じゃ、明後日また。</u>本当にどうもありがとうございました。

山　田： いいえ。どういたしまして。

スミス： じゃ、失礼します。

山　田： おやすみなさい。

場面4．待ち合わせる ● Meeting at a prearranged time and place

登場人物：山田、スミス
場　　所：水道橋駅

山　田： あ、どうもすみません。＜いえ＞　会社を出ようとしたら電話がかかってきた
りして……。だいぶ待ちました？

スミス： <u>いえ、私も来たばかりです。</u>

山　田： よかった。でも、スミスさん、<u>急な話でご迷惑だったんじゃありません？</u>

スミス： <u>いえ、そんなことはありません。</u>今日は本当にありがとうございます。

山　田： じゃ、行きましょうか。

スミス： ええ。

＊ＪＲ	じぇいあーる	Japan Railway(s)
＊総武線	そうぶせん	[name of a JR line]
＊御茶ノ水	おちゃのみず	[place/station name]
＊改札口	かいさつぐち	wicket, ticket gate
＊だいぶ		much, long（time）

場面 5. お礼をかねて映画に誘う
● Asking someone out to a movie in appreciation of a previous favor

登場人物：山田、山田の母
スミス

山田の母： 山田でございます。

スミス： あ、もしもし、あのう、私、スミスと申しますが、景子さんいらっしゃいますか。

山田の母： あ、スミスさんですか。<u>景子がいつもお世話になっております。</u>

スミス： <u>いいえ、こちらこそ。</u>

山田の母： <u>お噂は景子からうかがっています。</u>本当に日本語、お上手ですねえ。

スミス： いいえ、そんなことありません。

山田の母： いえ、ほんとにお上手ですよ。

スミス： いえ。

山田の母： あ、景子でしたね。少々お待ちください。呼んでまいりますから。

スミス： はい。

山　田： お待たせしました。

スミス： あ、こんばんは。先日はどうもありがとうございました。

山　田： いいえ。

スミス： 夕食までごちそうになってしまって……。本当にすみませんでした。

山　田： いいえ。でも、「道成寺」とてもよかったわね。

スミス： それに、狂言も面白かったし。

山　田： ええ。ほんと。また行きましょうね。

スミス： ええ。で、あのう、<u>この間のお礼ってわけじゃないんですけど、今、銀座の並木座で「細雪」やってるんですよ。</u>

山　田： あ、そう。

＊お礼	おれい	expression of gratitude
＊～をかねて		together with ～
＊お噂をうかがう	おうわさをうかがう	I have heard of you
＊道成寺	どうじょうじ	[title of a Noh play]
＊狂言	きょうげん	*Kyogen*, Noh comedy
＊並木座	なみきざ	[name of a movie theater]
＊細雪	ささめゆき	a movie based on Tanizaki's novel "The Makioka Sisters"

スミス：　よかったら今度の土曜日、一緒に行きませんか。

山　田：　ええ、いいですね。私も前から見たいと思ってたんです。

スミス：　よかった。11時からと３時半からとあるんですが。

山　田：　そうですね。うーん、できれば私、３時半がいいんですけど。

スミス：　じゃ、少し余裕をみて土曜日の３時に。ええっと、交通会館の２階の本屋さんはどうですか。

山　田：　はい、わかりました。じゃ、楽しみにしています。

スミス：　じゃ、おやすみなさい。

山　田：　おやすみなさい。

場面６．週末について話す　● Talking about the weekend

登場人物：山本

石川（寮の管理人）

スミス

場　　所：寮の娯楽室の前

山　本：　あ、元気？

スミス：　ええ、おかげさまで。

山　本：　最近、週末、顔見ないけど、どうしてるの。

スミス：　え、ちょっと……。

山　本：　こんど、テニスでもやらない？　今日は僕も出勤だったけど。

スミス：　大変ですね。

（管理人の石川が来る）

＊少し余裕をみる	すこしよゆうをみる	leave oneself a little leeway
＊交通会館	こうつうかいかん	[building name]
＊週末	しゅうまつ	weekend
＊管理人	かんりにん	a concierge
＊出勤	しゅっきん	work shift

石　川：　あ、スミスさん、今日、横浜大学の図書館から電話がありましたよ。

スミス：　あっ、いけない。忘れてた。

石　川：　返却期限をすぎているから、<u>至急返してほしいってことでしたよ。</u>

スミス：　わかりました。どうもありがとうございました。あ、明日は日曜日だなあ。

山　本：　スミスさんも最近忙しすぎるんじゃないの？

スミス：　え、どうしてですか。

山　本：　忙しすぎて、いろいろ忘れるんでしょ。

スミス：　僕は山本さんほど忙しくはありませんよ。

山　本：　そうかなあ。公私ともに多忙だっていう噂聞いたけど。

スミス：　それ、どういう意味ですか。

山　本：　いや、勉強以外にもいろいろ忙しいんじゃないの？　デートとか。

スミス：　えっ。

山　本：　やっぱり。どうも最近日本語が上手になったと思ったよ。

スミス：　参ったなあ。どうしてわかっちゃったのかなあ。

能の舞台

＊返却期限	へんきゃくきげん	loan period
＊至急	しきゅう	immediately
＊公私とも	こうしとも	both officially and privately
＊多忙	たぼう	busy
＊参った	まいった	You've got me there

応用練習 Application Exercises

次のような場面で友達／先生を誘いなさい。誘われた人は、誘いを受けても、断っても
かまいません。誘いを受けた場合は、待ち合わせの時間や場所などを二人で交渉して決
めなさい。

Use the information below to issue invitations to friends or teachers. The person asked is free to accept or refuse. If accepting, the two of you should go on to decide on a time and place to meet.

> ①何をするか　②いつか　③どこか　④その他

1. ①歌舞伎を見る　②今週の土曜の2時から　③歌舞伎座（銀座）　④演劇を研究して
   いる友人から招待券をもらった。

2. ①相撲を見る　②今度の土曜　③国技館（JR総武線の両国駅前）　④親しい友人か
   ら相撲に誘われ、切符を2枚もらった。相撲は朝からやっているが、有名な力士が
   出てくるのは4時すぎから。

3. ①音楽会に行く　②来週の土曜日の夜　③神奈川県民ホール　④ボストン・フィルの
   公演がある。ボストン・フィルでバイオリンを弾いている学生時代の友人からチ
   ケットを3枚もらった。

4. ①アジア映画祭に行く　②来月の1日　③東急Bunkamura　④アジア映画祭が1週
   間行われる。知り合いの日本人から初日の切符を2枚もらった。初日は中国映画
   で、上映は1時からと4時から。

5. ①能を見る　②来週の水曜日の5時から　③国立能楽堂（千駄ヶ谷）　④能を研究し

＊交渉する	こうしょうする	to negotiate
＊演劇	えんげき	drama, play
＊招待券	しょうたいけん	complimentary ticket
＊力士	りきし	sumo wrestler
＊初日	しょにち	first day, opening day
＊上映	じょうえい	screening

ている日本人の友人に誘われた。当日、その人がいろいろと解説してくれる。ほかの友人を誘ってもよいと言われた。

6. ①講演を聞く　②来週の土曜日の2時から　③横浜国際会議場で　④テーマは「90年代の日米関係」。政治、経済に興味のある人向き。入場は無料、葉書で申し込む。

7. ①スキーをする　②12月20日から23日までの3泊4日　③志賀高原　④冬休みに友人の車で行く計画を立てている。

8. ①ボウリング大会をする　②今度の水曜日　③ハマボウル(横浜駅前)　④賞品がもらえるかもしれない。

9. ①パーティーをする　②今度の金曜日の夜　③自分の家　④センターの学生も10人くらい来る予定。

10. ①ジャパン・ボウルを見る　②来週の日曜日　③横浜スタジアム　④ジャパン・ボウルにはアメリカのカレッジ・フットボールの選手が参加する。

11. その他。自分で考えなさい。

＊解説する	かいせつする	to explain
＊講演	こうえん	lecture
＊90年代	きゅうじゅうねんだい	the 1990s
＊日米関係	にちべいかんけい	relations between Japan and the United States
＊政治	せいじ	politics
＊経済	けいざい	economics
＊興味がある	きょうみがある	to be interested in
＊入場	にゅうじょう	entrance (fee)
＊無料	むりょう	free
＊3泊4日	さんぱくよっか	(trip of) four days and three nights
＊賞品	しょうひん	prize
＊選手	せんしゅ	player
＊参加する	さんかする	to participate

第 4 部

依頼する
いらい

Requests

────●このユニットのねらい●────
Unit Goals

◎適切な言い方で相手に依頼することができる。
てきせつ　い　かた　あいて

Making a request politely

・助力を申し出ることができる。
じょりょく　もう　で

Offering to help

基本会話　Key Dialogue

テープの基本会話をよく聞いて、スミスの部分がすらすら言えるように練習しなさい。
きほんかいわ　き　ぶぶん　れんしゅう

Listen to the tape and learn the part of Mr. Smith until you can say it smoothly.

木　村：	どうですか。少しは読んでみましたか。
スミス：	ええ、あの、実はそのことで今日おうかがいしたんですが。
木　村：	はい、何でしょうか。
スミス：	あの、この間から少しずつ読み始めたんですけれども……。
木　村：	そんなに難しくはないでしょう？
スミス：	ええ、まあ。ただ、一人で読んでますと、＜ええ＞なんですか、こう、ちゃんと読めているのかどうか心配になってきまして……。
木　村：	ああ、一人では不安ですか。
スミス：	ええ、そうなんです。＜うーん、なるほどね＞ それで、できましたら、どなたか文語に強い方をご紹介いただけないかと思いまして……。
木　村：	ああ、そう……。
スミス：	はい。週１回ぐらい、いろいろ質問できたらいいんですけれど。あんまりたくさんお礼できないとは思いますが。

＊助力	じょりょく	help, assistance
＊なんですか		somehow, for some reason or other （＝なんだか）
＊不安	ふあん	anxiety
＊文語	ぶんご	classical Japanese

木　村：　そうですねえ、文語に強い人というと誰でしょうねえ。

スミス：　本当に面倒なお願いで申し訳ないんですが、どなたかいらっしゃいません
　　　　　でしょうか。

言いかえ練習　Variation Drill

下線の部分を言いかえて練習しなさい。
Practice the following sentence patterns, substituting the given phrases for the underlined section.

(a)

> 実はそのことで今日おうかがいしたんですが。

1．例の件で

2．出版の件で

3．ご返事をいただきに

4．昨日お電話した件で

5．ちょっとお願いしたいことがありまして

6．先日お願いした件で

＊面倒な	めんどうな	troublesome
＊例の件	れいのけん	the matter in question
＊出版	しゅっぱん	publication

(b)

できましたら、どなたか文語に強い方をご紹介いただけないでしょうか。

1．日本料理を教えていただけないか
  （にほんりょうり　おし）

2．翻訳をやっていただけないか
  （ほんやく）

3．日本語の手紙を直していただけないか
  （にほんご　てがみ　なお）

4．一緒に行っていただけないか
  （いっしょ　い）

5．どなたか専門の人を紹介していただけないか
  （せんもん　しょうかい）

6．推薦状を書いていただけないか
  （か）

7．適当な本を紹介していただけないか
  （てきとう　ほん）

＊推薦状　　　　　すいせんじょう　　　letter of recommendation

練　習　Drills

練習会話　Supplementary Dialogues　📼

テープの練習会話をよく聞いて、パーマーやスミスの役ができるように練習しなさい。

Listen to the conversations on the tape and practice the part of Miss Palmer or Mr. Smith.

①依頼する　● Making a request

受　付：　サン・プロダクションでございます。

パーマー：　もしもし、私、スタンフォード大学の大学院生でパーマーと申しますが、＜はい＞ 広報部の方、お願いします。

受　付：　はい、少々お待ちください。

広報部：　はい、広報部です。

パーマー：　私、スタンフォード大学の大学院生でパーマーと申します。＜パーマーさん＞ はい。今、日本研究センターというところで勉強しているんですが、今日は突然お電話いたしまして申し訳ございません。

広報部：　いいえ、あの、それでどのようなご用件でしょうか。

パーマー：　実は、私と私の友人が日本のアイドル歌手というものに非常に興味を持っておりまして、＜ええ＞ それで、日本を知るための研究プロジェクトとしてアイドル産業について調べてみようということになったんですが。

広報部：　調べるっていいますと。

パーマー：　そうですね。あの、アイドル歌手になる人をどうやって見つけるかとか、見つけた人をどのようにトレーニングするかとか、そういったことを調べたいと思っているんです。

広報部：　はあ、研究プロジェクトとしてそういうことを調べたいということですね。

＊広報部	こうほうぶ	public relations department
＊用件	ようけん	matter
＊アイドル歌手	アイドルかしゅ	idol singer
＊研究プロジェクト	けんきゅうプロジェクト	research project
＊産業	さんぎょう	industry
＊トレーニング		training

パーマー： はい。それで、<u>ご迷惑でなければ、一度そちらにお邪魔して、お話をうかが</u>
<u>わせていただけないでしょうか。</u>

広報部： はい。お話はだいたいわかりました。そういうことでしたらけっこうですよ。

パーマー： あっ、そうですか。<u>どうもお忙しいところ申し訳ございません。</u>

広報部： それで、いついらっしゃいますか。

パーマー： そうですね。<u>水曜日の午後は、いかがでしょうか。</u>

広報部： 水曜日の午後ですね。じゃ、3時頃でよろしいですか。

パーマー： はい、3時ですね。けっこうです。

広報部： 場所はわかりますか。

パーマー： はい、わかると思います。<u>どうも突然ご面倒なお願いをいたしまして申し訳</u>
<u>ございませんが、どうぞよろしくお願いいたします。</u>

広報部： はい。私、広報部の山下と申しますので、受付で私の名前をおっしゃってく
ださい。

パーマー： はい、山下さんですね。わかりました。<u>どうぞよろしくお願いします。</u>

広報部： じゃ、水曜日にお待ちしております。

パーマー： 失礼します。

広報部： ごめんください。

②助力を申し出る　● Offering to help

先　生： ところで、スミスさんも横浜市のパーティー、行くでしょう？

スミス： それが、ちょっと都合が悪くて。

先　生： え、行けないの？　＜はい＞　そうか、困ったなあ。

スミス： <u>何か？</u>

先　生： いや、パーティーでセンターの学生の代表として挨拶する役を頼もうと思っ
たんだけど。

＊迷惑	めいわく	trouble, bother
＊お邪魔する	おじゃまする	to visit
＊学生の代表	がくせいのだいひょう	student representative
＊挨拶する	あいさつする	to give an address, to say a few words

スミス：　そうですか、すみません。

先　生：　スミスさんがだめなら……、どうしようかなあ。

パーマー：　あの、私でよろしければ、やりましょうか。

先　生：　あ、そう。そうしてもらえるとありがたいんだけど。

パーマー：　はい。うまくできるかどうか、わかりませんけど。

先　生：　大丈夫ですよ。じゃ、ぜひお願いします。

パーマー：　はい、わかりました。

場面練習　Situation Practice

1．次のような場面で依頼しなさい。
Practice asking for assistance in the following situations.

①ワープロを買って使い始めたが、使い方がよくわからない。先輩に使い方を教えてくれるように頼みなさい。
You've bought a word processor but don't know how to use it. Ask a sempai to help you with it.

②夏休みに北海道旅行をしたときお世話になった人に、日本語で手紙を書いた。先生に直してくれるように頼みなさい。
You've written a letter in Japanese to someone who was very kind to you during a trip to Hokkaido during summer vacation. Ask a teacher to correct it for you.

③奨学金を申し込みたいので、先生に推薦状を書いてくれるよう頼みなさい。
Ask a teacher to write a recommendation you need for your application for financial aid.

④昼間、留守中にアメリカから荷物が届くかもしれない。大家さんに受けとっておいてくれるように頼みなさい。
You are expecting a package from the United States. Ask your landlord/landlady to accept it for you.

＊先輩	せんぱい	senior (at work, school, etc.)
＊奨学金	しょうがくきん	scholarship
＊大家	おおや	landlord/landlady

⑤友達が来てパーティーをすることになったので、大家さんに大きい鍋を貸してくれる
ようように頼みなさい。

You are going to have a party for some friends. Ask your landlord/landlady if you could borrow a large cooking pot.

2. スミスになって、申し出なさい。
Take the part of Mr. Smith and offer your help in the following situations.

①小川はタイプがうまく打てなくて、困っている。＜小川：スミスのアルバイト先の同僚＞
Ms. Ogawa, a coworker of Mr. Smith where he has a part-time job, is having trouble typing something.

小　川：　あーあ、また間違えちゃった。

スミス：　どうしたんですか。

小　川：　さっきから手紙をタイプしてるんですけど、どうもうまくいかなくて。

スミス：　原稿はできているんでしょう？

小　川：　ええ。まあ、簡単なお礼状なんですけど。

スミス：　_____。

小　川：　いえ、そんな、申し訳ないですから。

スミス：　_____。

小　川：　そうですか。じゃ、お願いしてもいいですか。

②講演会が終わって机やイスをもとに戻す。
Straightening up the desks and chairs after a special lecture.

先生A：　じゃ、今、片付けちゃいましょう。

先生B：　隣の部屋から持ってきたんですよね、これ……。

先生A：　いやあ、けっこう重いねえ。

スミス：　_____。

＊鍋	なべ	cooking pot
＊同僚	どうりょう	colleague
＊原稿	げんこう	draft
＊お礼状	おれいじょう	letter of thanks
＊講演会	こうえんかい	lecture meeting
＊片付ける	かたづける	to put back

③安井は、帰ろうとして雨が降っていることに気づく。
It starts raining just as Mr. Yasui is leaving.

安　井：　天気予報では今日の雨の確率は20パーセントだったのに……。

スミス：　ええ、さっきまでいい天気でしたよね。

安　井：　あー困ったな。傘はないし……。

スミス：　_____。

④寺田とスミスは友達を待っているが、約束の時間を20分過ぎても友達は来ない。
Mr. Terada and Mr. Smith are waiting for a friend who is 20 minutes late.

寺　田：　もしかしたら、鈴木君、忘れているのかもしれないから、ちょっと電話して
　　　　　みるよ。

スミス：　うん。

寺　田：　(財布の中を見ているが、10円玉がないような様子)

スミス：　_____。

＊天気予報	てんきよほう	weather report
＊確率	かくりつ	probability
＊傘	かさ	umbrella
＊10円玉	じゅうえんだま	10 yen coins

会 話 文 Dialogues

本文のテープをよく聞きなさい。そして下線の部分がテープと同じように言えるように
しなさい。

Listen carefully to the tape. Practice until you can say the underlined part the same as on the tape.

場面1．木村先生に大学院生を紹介してもらうよう依頼する
● Asking Professor Kimura for an introduction to a graduate student

登場人物：スミス

木村先生（スミスが横浜大学で聴講している

比較教育学の教授。50歳）

場　　所：大学の教育学研究室

木　村：　はい。

スミス：　失礼いたします。スミスですが。

木　村：　はい。どうぞ。

スミス：　失礼します。あの、先生、先日はどうもありがとうございました。

木　村：　いやあ、あの本は見つかりましたか。

スミス：　はい、お陰様で。

木　村：　そりゃよかったですね。＜はい＞ まあ、どうぞお掛けください。

スミス：　はい、ありがとうございます。

木　村：　どうですか。少しは読んでみましたか。

スミス：　ええ、あの、実はそのことで今日おうかがいしたんですが。

木　村：　はい、何でしょうか。

スミス：　あの、この間から少しずつ読み始めたんですけれども……。

木　村：　そんなに難しくはないでしょう？

スミス：　ええ、まあ。ただ、一人で読んでますと、＜ええ＞なんですか、こう、
　　　　　ちゃんと読めているのかどうか心配になってきまして……。

木　村：　ああ、一人では不安ですか。

スミス：　ええ、そうなんです。＜うーん、なるほどね＞ それで、できましたら、ど

＊掛ける　　　　　　かける　　　　　　to sit down

なたか文語に強い方をご紹介いただけないかと思いまして……。

木　村：　ああ、そう……。

スミス：　はい。週1回ぐらい、いろいろ質問できたらいいんですけれど。あんまり
　　　　　たくさんお礼できないとは思いますが。

木　村：　そうですねえ、文語に強い人というと誰でしょうねえ。

スミス：　本当に面倒なお願いで申し訳ないんですが、どなたかいらっしゃいません
　　　　　でしょうか。

木　村：　そうですねえ、島岡君なんかどうでしょうねえ。島岡君ご存じですか。

スミス：　はい。お顔だけは……。

木　村：　あ、そうですか。じゃ、近いうちに私から聞いてみましょう。

スミス：　どうぞよろしくお願いいたします。

木　村：　はい、わかりました。

スミス：　本当にお忙しいところ申し訳ございません。

木　村：　いえいえ、大したことじゃありませんから。まあ、きっと引き受けてくれる
　　　　　と思いますよ。

スミス：　だといいんですけど。

木　村：　大丈夫でしょう。

スミス：　本当にご面倒おかけしまして……。

木　村：　いやいや。

スミス：　では、これで失礼いたします。

場面2. 島岡に会って直接依頼する ● Meeting Mr. Shimaoka and asking for his help

登場人物：島岡（教育学の大学院生）

スミス

場　　所：大学の図書館入り口

島　　岡：　あ、スミスさん、＜はい＞ 島岡です。

スミス：　あ、島岡さん。

島　　岡：　あの、木村先生からお話をうかがいました。

スミス：　それで、あのう、お願いできるでしょうか。

島　　岡：　まあ、お役に立てるかどうかわかりませんけど、私でよかったらお手伝いしますよ。

スミス：　ありがとうございます。本当にご無理なお願いをしまして……。

島　　岡：　いえ。私にも勉強になりますから……。

スミス：　いやあ、そんなこと。週に1度でも見ていただければ助かります。

島　　岡：　でも、スミスさん、すごく読めるって聞きましたよ。

スミス：　いえ、だんだん慣れてはきましたが、まだやっぱり時間がかかって……。

島　　岡：　それは僕だって同じですよ。まあ、二人で勉強会のつもりでやりましょう。

スミス：　どうぞよろしくお願いします。

島　　岡：　で、何曜日が都合がいいですか。

スミス：　私は水曜日の午後が一番いいんですけど……。

島　　岡：　あ、そう。僕はその日はだめなんですよ。朝から夕方までつまってて……。＜そうですか＞ 週末はどうですか。

スミス：　でも、週末は島岡さんもいろいろ忙しくありませんか。

島　　岡：　いえ、土曜日の午前中だったらいいですよ。

スミス：　あ、僕も土曜日はあいています。

島　　岡：　じゃ、決まり。で、場所なんだけど、土曜日はあんまり授業がないから、ゼ

＊慣れる	なれる	to become accustomed to
＊勉強会	べんきょうかい	study group
＊つまっている		have a tight schedule
＊あいている		have free time
＊あんまり～ない		(not) very many (＝あまり～ない)

　　　　ミの教室でやることにしましょうか。

スミス：　はい。時間は……。

島　岡：　10時ごろはどうですか。

スミス：　<u>はい。けっこうです。</u>で、いつから……。

島　岡：　じゃ、今度の土曜日から始めますか。＜はい＞じゃ、その本の何ページから
　　　　か教えてください。僕も下調べしてきますから。

スミス：　えーと……。

＊ゼミ　　　　　　　　　　　　　　　　　　　　seminar
＊下調べ　　　　　したしらべ　　　　　　　　preparation

応用練習　Application Exercises

1．依頼する　Asking for a favor

友人や先生に依頼する練習をします。どんな友人、どんな先生に、何を頼むか考えてきなさい。クラスでは、ほかの学生や先生が、あなたの依頼を聞いて答える役をします。

Decide what favor you will ask for and of whom you will ask it (a teacher or friend) before coming to class. Another student or your teacher will play the the part of the listener.

依頼する 相手	友人の＿＿＿＿＿＿＿＿＿さん （センターの友人・大学の友人、 　スポーツクラブで知り合った友人、 　その他）	＿＿＿＿＿＿＿＿＿先生 （センターの先生・大学の先生、 　習いごとの先生、その他）
依頼する 内容 <small>ないよう</small>		

＊習いごと　　　　　ならいごと　　　　　accomplishments (taught in private lessons)

2．助力を申し出る　Offering to help

次のような場面で、助力を申し出なさい。

Offer your help in the following situations.

①本を高く積み上げて、先生が本棚の整理をしている。

②あなたの友人（センターの学生）は、アルバイトをしたがっているが、事務の大久保さんは適当な仕事がないと言っている。あなたには、英会話学校を経営している知人がいる。

③センターから帰ろうとしたら、先生が重そうな荷物を持って歩いているのに出会った。

④先生がホワイトさんに渡したいものがあると言った。ホワイトさんはもう帰ってしまったが、自分のアパートの近くに住んでいる。

| ＊積み上げる | つみあげる | to pile up |
| ＊整理をする | せいりをする | to put in order |

謝礼について交渉する

Money discussions

●このユニットのねらい●

Unit Goals

◎謝礼など金銭のことについての交渉がうまくできる。

Discussing money matters such as remuneration

・紹介してくれた人に報告をかねてお礼が言える。
　しょうかい　　　　　　　　　　　ほうこく　　　　　　　い

Reporting to and thanking a go-between

基本会話 Key Dialogue
　きほんかいわ

テープの基本会話をよく聞いて、スミスの部分がすらすら言えるように練習しなさい。
　　　　きほんかいわ　　き　　　　　　　ぶぶん　　　　　　　　　　　　　　　れんしゅう

Listen to the tape and practice the part of Mr. Smith until you can say it smoothly.

スミス：	それからお礼のことですが……。
島　岡：	いや、さっきも言ったようにね、ほんとに僕も勉強のつもりでやりますから、いいですよ。
スミス：	いえ、それでは、お忙しいところを、時間を割いていただくわけですから。
島　岡：	いや、ほんとにいいですよ。
スミス：	でも、それじゃ僕、困りますから。
島　岡：	そうですか。じゃ、お気持ちだけいただきます。
スミス：	そうですか。

＊謝礼	しゃれい	remuneration
＊交渉する	こうしょうする	to negotiate
＊金銭	きんせん	money
＊～をかねて		together with ～
＊お礼	おれい	remuneration
＊時間を割く	じかんをさく	to make time to do

言いかえ練習　Variation Drill

(a) スミスは謝礼を払おうとしています。＿＿＿＿のところに下の１〜６の言葉を入れて練習しなさい。

Mr. Smith wants to pay for something. Practice the following dialogue filling in the blanks with the phrases below.

スミス：　それから、あの＿＿＿＿＿＿＿＿＿のことですが……。 田　中：　いえ、けっこうですよ。 スミス：　いえ、それでは困りますから。

1．お礼　　　　　　　　2．月謝　　　　　　　　3．食費
4．昨日の飲み会のお金　5．昨日のタクシー代　　6．滞在費

(b) 田中は謝礼を申し出ていますが、スミスは受け取るのを断ろうとしています。＿＿＿＿のところに下の１〜６の言葉を入れて練習しなさい。

Mr. Tanaka wants to pay Mr. Smith, but Mr. Smith refuses the money. Use the sentences below for Mr. Smith's response.

田　中：　それから、あのお礼のことなんですが。 スミス：　いえ、けっこうですよ。 田　中：　でも、それでは困りますから。 スミス：　＿＿＿＿＿＿＿＿＿＿。

1．いえ、ほんとうにいいですよ。

2．いえ、ほんとに僕にも勉強になりますから。

3．いえ、お気持ちだけでけっこうです。

4．いえ、田中さんにはいつもいろいろお世話になっていますから。

5．いえ、どうぞご心配なく。

6．いえ、お役に立てればうれしいですから。

＊けっこうです　　　　　　　　　　　　No, thank you
＊滞在費　　　　　たいざいひ　　　　　living expenses (during a stay somewhere)

練　習　Drills

練習会話　Supplementary Dialogues

テープの練習会話をよく聞いて、スミスやホワイトの役ができるように練習しなさい。
Listen to the conversations on the tape and practice the part of Mr. Smith or Miss White.

[謝礼などについて交渉する]　Discussing a payment

①木下に頼まれて、ホワイトは木下の同僚たちに英語を教えることになった
　● Miss White is going to teach English to Mr. Kinoshita's coworkers at his request

ホワイト：　では、毎週水曜日の夜6時から2時間、ということですね。

木　下：　ええ。みんな今までなかなか勉強する機会がなかったので、楽しみにしているようです。＜あ、そうですか＞　で、お礼のことなんですけど……。

ホワイト：　はあ。

木　下：　どのぐらいすればいいでしょうか。

ホワイト：　さあ……、私もよくわからないんですけど、友達で教えている人に聞いてみたら、だいたい1時間5千円ぐらいらしいんです。

木　下：　そうですか、じゃ、そういうふうに話しておきます。

②ホワイトは先輩の原田に頼まれ、原田の会社の外国向けの広報を翻訳することになった
　● Miss White has been asked by a sempai, Mr. Harada, to translate some public relations papers for his company

ホワイト：　先日、原田さんからご紹介いただいた翻訳の件ですが、この間送られて来ましたので、今、やっているところです。

原　田：　あ、そう、それでどうですか。

＊同僚	どうりょう	colleague
＊機会	きかい	chance, opportunity
＊（どのぐらい）する		to pay
＊先輩	せんぱい	senior（at work, school, etc.）
＊広報	こうほう	publicity materials
＊件	けん	matter

ホワイト： ええ、なかなかおもしろい記事ですが、専門用語が多くて……いろいろ勉強
になります。それで、実はあちらから 1 枚いくらかということについて何も
話がないんです。＜あ、そう＞ こちらからはちょっと聞きにくいんですが
……。

原　田： そうですね。じゃ今度、私から聞いておきます。

ホワイト： すみませんがよろしくお願いします。

［勘定について交渉する］ Discussing paying for a meal
かんじょう

①先生にごちそうになる ● Being treated by a professor

先　生： いいですよ。私が払いますから。

スミス： いえ、先生、そんな、申し訳ありませんから。

先　生： いえいえ、気にしないで。大丈夫ですよ。

スミス： いえ、そんな……。

先　生： いやあ、いいです。いいです。

スミス： ええ、そうですか。じゃ、お言葉に甘えて。どうもすみません。＜いいえ＞
（外に出て）

スミス： どうもごちそうさまでした。

先　生： はい。

②先輩にごちそうする ● Treating a sempai

スミス： 今日は私が払いますから。

島　岡： いや、いいよ、いいよ。

スミス： いえ、いつもごちそうになってばかりいますから、今日は私が。

＊記事	きじ	article
＊専門用語	せんもんようご	technical terms
＊実は	じつは	as a matter of fact
＊ごちそうになる		to be treated (by someone to something)
＊お言葉に甘えて	おことばにあまえて	I will take you at your word, I will accept your kindness

島　岡：　いや、そんなの気にしない、気にしない。

スミス：　いえ、いえ。実はね、この間通訳のアルバイトをしましてね、それで、かなり入ったんですよ。＜あ、そう＞ ですから、今日は大丈夫です。

島　岡：　ええっ、なんか申し訳ないなあ。

スミス：　いえ、いつもごちそうになるばかりですから、たまにはいいですよ。

島　岡：　そう？ じゃ、今日はごちそうになろうかな。

③割り勘にする　　● Splitting the bill

ホワイト：　いくらですか。

島　岡：　いいよ、僕が払うから。

ホワイト：　いえ、いえ、そんな、この前もごちそうになってしまいましたから、今日は……。

島　岡：　いや、まあいいから、いいから。

ホワイト：　じゃ、今日は割り勘にしましょう。＜ええっ＞ いえ、いつもごちそうになってばかりいては申し訳ありませんから。

島　岡：　そう？ じゃ、今日はそういうことにしようか。

＊割り勘　　　　　わりかん　　　　　splitting a bill

会 話 文 Dialogues

本文のテープをよく聞きなさい。そして下線の部分がテープと同じように言えるようにしなさい。

Listen carefully to the tape. Practice until you can say the underlined sentences the same as on the tape.

場面 3．島岡と謝礼について話し合う ● Talking with Mr. Shimaoka about his fee

登 場 人 物： 島岡（教育学部の大学院生）

スミス

場 所： 大学の図書館入り口

スミス： えーと、第1章はだいたいセンターで読みましたので、第2章からお願いします。

島 岡： 第2章ですね。

スミス： それからお礼のことですが……。

島 岡： いや、さっきも言ったようにね、ほんとに僕も勉強のつもりでやりますから、いいですよ。

スミス： いえ、それでは、お忙しいところを、時間を割いていただくわけですから。

島 岡： いや、ほんとにいいですよ。

スミス： でも、それじゃ僕、困りますから。

島 岡： そうですか。じゃ、お気持ちだけいただきます。

スミス： そうですか。

島 岡： じゃ、今度の土曜日、10時ですね。

スミス： はい。では、よろしくお願いします。

島 岡： さようなら。

スミス： さようなら。

（スミス、島岡と別れてから）

スミス： 気持ちだけ……か。先生に相談しなくちゃ。

場面4．木村先生に報告をかねてお礼を言う ● Thanking Professor Kimura and reporting on progress

登場人物：スミス

木村先生

場　　所：大学の教育学研究室
けんきゅうしつ

スミス：　スミスです。

木　村：　はい、どうぞ。

スミス：　失礼します。今、よろしいでしょうか。

木　村：　あ、いいですよ。

スミス：　先日はいい方をご紹介いただきまして、どうもありがとうございました。

木　村：　いや。やってるそうですね、島岡君と。

スミス：　ええ。毎週土曜日に2時間ずつやっています。

木　村：　そう。それで、どのぐらいのペースでやってるんですか。

スミス：　20ページぐらいは準備して行くんですが、いろいろなところでひっかかった
り、＜うん＞　二人で議論したりしているので、今のところ、1回10ページぐ
らいしか進みません。＜そう＞　でも、だんだん速く読めるようになるんじゃ
ないかと思いますが。

木　村：　ま、あれは、漢文も出てきたりして、確かに読みにくいですよね。

スミス：　はあ、でも、島岡さんが本当に親切に教えてくれるので、助かっています。
本当にいい方を紹介していただきまして……。

木　村：　いやいや。ま、よかったですね。

スミス：　あっ、それから、島岡さんへのお礼のことなんですが。

木　村：　はい。

スミス：　あのう、島岡さんに聞きましたら、気持ちだけなんて言うもんですからちょ
っと困ってるんですけど。

＊準備する	じゅんびする	to prepare
＊ひっかかる		to get stuck
＊議論する	ぎろんする	to discuss
＊速く	はやく	fast, quickly
＊漢文	かんぶん	passages in classical Chinese
＊確かに	たしかに	surely
＊助かる	たすかる	it is helpful

木　村：　そうですね。じゃ、僕もあまりよくわからないから誰かに聞いておきますよ。

スミス：　そうですか。では、よろしくお願いします。

木　村：　はい。

応用練習　Application Exercises

1. 日本に来て間もなく、堀田という大学院生と友達になりました。堀田はスミスと専門が同じで、専門のことについていろいろ教えてくれました。次のような場面で、スミスになって堀田からのお礼の申し出を断りなさい。

Mr. Smith became friends with Miss Hotta, a graduate student, soon after coming to Japan. They share the same academic specialty and she has taught him many things. In the following situations take the part of Mr. Smith and refuse to take any payment from her.

（場面A）　Situation A

堀田は今、英語で10ページほどの論文を書いています。堀田はまず日本語で書いて、それを英語に翻訳しました。堀田はスミスに、英語のチェックを頼みました。スミスは、快く引き受けました。

Miss Hotta is writing a ten-page paper in English. She has written it in Japanese and translated it into English. She has asked Mr. Smith to check the English and he has gladly agreed to do so.

堀　田：　じゃ、お願いできますか。

スミス：　いいですよ。今度会うときに持って来てください。

堀　田：　すみませんねえ。助かります。

スミス：　いいえ。

堀　田：　それで、お礼のことなんですが……。

スミス：　（お礼を断る）_____

_____。

（場面B）　Situation B

堀田は、アメリカのある研究所の研究員になりたいと思って、履歴書を送りました。間もなくその研究所から返事が来て、来月所長が東京に来るのでそのときに面接するとのことでした。面接は英語で行われるので、堀田は、面接の練習をしたいとスミス

＊快く	こころよく	willingly
＊引き受ける	ひきうける	to undertake
＊履歴書	りれきしょ	curriculum vitae
＊面接	めんせつ	interview

に頼みました。スミスは快く引き受けました。

Miss Hotta sent her CV to an American research institute where she would like to study. She has gotten a reply saying that the head of the institute will be coming to Tokyo and would like to interview her. She has asked Mr. Smith to help her prepare for this interview. He is happy to do so.

> 堀　田： そうですね。私が博士論文の内容とか、これからどんな研究をしたいと
> 　　　　 思っているかとか英語で話しますから、それを適当に直してくれればい
> 　　　　 いんですけど。
>
> スミス： ああ、その程度のことでしたらお安いご用です。
>
> 堀　田： 助かります。それでお礼のことですが……。
>
> スミス： （お礼を断る）＿＿＿＿＿＿＿＿＿＿＿＿＿＿＿＿＿＿＿＿＿＿
> 　　　　 ＿＿＿＿＿＿＿＿＿＿＿＿＿＿＿＿＿＿＿＿＿＿＿＿＿＿＿＿＿＿。

2. 一緒に旅行（またはパーティーなど）に行ったときの写真を10枚もらいました。スミス
になって会話を続けなさい。

Mr. Smith is given ten photos from a recent group trip (party, etc.). Take his part and respond appropriately.

① 友　人： （写真を渡しながら）これ、この前の写真……。

　　スミス： あ、どうもありがとう。それでいくらですか。

　　友　人： いいですよ。大したことありませんから。

　　スミス： ＿＿＿＿＿＿＿＿＿＿＿＿＿＿＿＿＿＿＿＿＿＿＿＿＿＿＿＿。

② 先　生： スミスさん、この間の写真、どうぞ。なかなかよくうつっていますよ。

　　スミス： あ、どうもありがとうございます。おいくらでしょうか。

　　先　生： いいですよ。大したことありませんから。

　　スミス： ＿＿＿＿＿＿＿＿＿＿＿＿＿＿＿＿＿＿＿＿＿＿＿＿＿＿＿＿。

＊博士論文	はくしろんぶん	doctoral dissertation
＊内容	ないよう	content
＊適当に	てきとうに	as you see fit
＊（その）程度	（その）ていど	(to that) extent
＊お安いご用	おやすいごよう	no trouble at all (lit. it's an easy business)
＊写真	しゃしん	photo
＊渡す	わたす	to hand over
＊よくうつる		to come out well (in a photo)

3. スミスは友人に頼まれて翻訳をすることになりました。スミスになって会話を続けなさい。

Mr. Smith has agreed to do a translation for a friend. Continue the conversation.

友　人：　謝礼のことなんですけど……どれくらいしたらいいでしょうか。

スミス：　_____

　　　　　_____。

4. スミスは1か月間、京都へ研究のために行くことになりました。すると友人の山田が、京都の実家に泊まるように言ってくれました。スミスになって会話を続けなさい。

Mr. Smith is going to spend one month in Kyoto doing research and his friend Mr. Yamada has said he can stay at his home there. Take Mr. Smith's part and continue the conversation.

スミス：　ほんとうによろしいんですか。助かります。それで、食費だけは払わせていただきたいんですが。

山　田：　いや、いいですよ。

スミス：　でも、泊めていただくうえに、いろいろご迷惑をおかけするわけですから……。

山　田：　いや、大丈夫ですよ。おふくろも一人で寂しがっているから、喜びますよ。

スミス：　_____

　　　　　_____。

＊実家	じっか	one's parents' home
＊食費	しょくひ	board, food expenses
＊迷惑	めいわく	trouble, bother
＊おふくろ		(my) mother
＊寂しい	さびしい	lonely

5. スミスは飯田にいらなくなった炊飯器をあげることになりました。スミスになって会
話を続けなさい。

Mr. Smith is giving Mr. Iida a rice cooker he doesn't need any longer. Continue the conversation.

スミス： じゃ、あした持って来ます。

飯　田： あ、すみません。で、いくらでしょうか。

スミス： ＿＿＿＿＿＿＿＿＿＿＿＿＿＿＿＿＿＿＿＿＿＿＿＿。

6. スミスは中野が１か月アメリカに行っている間に、アパートの鍵をあずかることにな
りました。スミスになって会話を続けなさい。

Mr. Smith is going to look after Mr. Nakano's apartment while he's on a one-month trip to the United States. Continue the conversation.

中　野： これが鍵です。＜はい＞ で、週に１、２度来てもらって、部屋に風を通
したり郵便物を整理したりしてほしいんです。

スミス： ええ、そんなのお安いご用ですよ。

中　野： すみませんね、面倒なことをお願いしちゃって。

スミス： いいえ。

中　野： で、お礼のことなんですけど……。

スミス： ＿＿＿＿＿＿＿＿＿＿＿＿＿＿＿＿＿＿＿＿＿＿＿＿。

＊炊飯器　　　　　すいはんき　　　　　rice cooker

依頼を受けて、条件について交渉する
いらい　う　　じょうけん　　　こうしょう

Discussing the terms of a request

------●このユニットのねらい●------
Unit Goals

◎依頼を受けたとき、細部についてたずね、条件について交渉することができる。
　　　　　　　　　　さいぶ

Discussing the details and settling the terms of request

・きっかけをつかんで辞去することができる。
　　　　　　　　　　じきょ

Making a smooth leavetaking

基本会話 Key Dialogue

テープの基本会話をよく聞いて、スミスの部分がすらすら言えるように練習しなさい。
　　　きほんかいわ　　き　　　　　　　ぶぶん　　　　　　い　　　　　　れんしゅう
Listen to the tape and practice the part of Mr. Smith until you can say it smoothly.

木　村：	それはそうと、ちょっと私からスミスさんにお願いしたいことがあるんですけどね。
スミス：	何でしょうか。
木　村：	実はね、スミスさんに一度アメリカの教育事情について、ゼミで話してもらえないかと思いましてね。＜ええっ＞　まあ、2時間全部でなくてもいいんだけど、1時間半ぐらい話してもらって、あとは質問を受けるっていうような形で……。どうですか。
スミス：	私がですか。＜うん＞　日本語でですか。＜そう＞　でも、アメリカの教育事情って言っても、どんな点について話せばいいか……。
木　村：	まあ、みんな本を読んで知っているとは思うけど、日本とアメリカでは授業形式なんかも違うわけでしょう？＜はい＞　その辺をね。＜はあ＞　例えば、日本のような教壇講義形式ではないとか、なんでも無理やり覚えさせ

＊きっかけ		chance
＊教育事情	きょういくじじょう	educational conditions
＊質問を受ける	しつもんをうける	to answer a question
＊形	かたち	form, style
＊形式	けいしき	form, mode

　　　　　るという、暗記教育ではないとか、＜はあ＞初等教育でもいろいろ違うで

　　　　　しょう？

スミス：　はあ、でも、1時間半も話すのはちょっと。

木　村：　まあ、何でしたら、1時間でもいいですよ。スミスさんの経験に基づいて、

　　　　　具体的に話してもらえると、ありがたいんですがね。

スミス：　うまくできるかどうか自信がないんですけど。

木　村：　いやあ、大丈夫ですよ。聞く人たちもみんな、内輪のゼミの人たちだけだ

　　　　　し……。

スミス：　そうですか。本当に1時間でよろしいんでしょうか。

木　村：　ええ、ま、2回やってくれればありがたいけどね。

スミス：　いや、2回はちょっと……。1回ぐらいならまあ何とか……。

木　村：　そうですか。じゃ、1回でもいいですよ。ぜひお願いしますよ。＜はあ＞

　　　　　いつでもいいですから。

スミス：　今月はちょっとセンターの方が忙しいので、できれば、来月ぐらいにして

　　　　　いただけるとありがたいんですが。

木　村：　いいですよ。ええと、来月の第3週ぐらいはどうですか。

スミス：　はい、けっこうです。

木　村：　じゃ、来月の第3週、お願いします。

スミス：　うまくできるかどうかわかりませんが。

木　村：　スミスさんなら大丈夫ですよ。

スミス：　いやあ。

(p. 138)

＊教壇講義形式	きょうだんこうぎけいしき	lecture given from behind a podium
＊無理やり	むりやり	forcibly
＊覚える	おぼえる	to memorize

(p. 139)

＊暗記教育	あんききょういく	education through memorization
＊初等教育	しょとうきょういく	primary education
＊経験	けいけん	experience
＊〜に基づいて	〜にもとづいて	based on 〜
＊具体的に	ぐたいてきに	concretely
＊自信	じしん	confidence
＊内輪	うちわ	the inside, inside circle（of friends）

言いかえ練習 Variation Drill

Aのところに理由、Bのところに希望する条件を入れて言いかえなさい。
Substitute the underlined parts with the reason (A) and then the condition (B) of the same number found below.

例） <u>今月はちょっとセンターのほうが忙しい</u>ので、できれば<u>来月</u>くらいにしていただ
　　　　　　　　　　(A)　　　　　　　　　　　　　　　　　　　　(B)

けるとありがたいんですが。

A

1. 今週は試験がある
2. 今、両親が日本に来ている
3. 週3回は無理だ
4. 30ページはとても読めない
5. 午後の授業が3時までだ
6. 奨学金がまだもらえない
7. 自分で理由を考えなさい

B

1. 来週
2. 来月
3. 週2回
4. 10ページ
5. 5時から
6. 来月
7. 自分で条件を考えなさい

練 習 Drills

練習会話 Supplementary Dialogues

テープの練習会話をよく聞いて、スミスやホワイトの役<ruby>役<rt>やく</rt></ruby>ができるように練習しなさい。
Listen to the conversations on the tape and practice the part of Mr. Smith or Miss White.

[交渉する] Discussing terms

①先生がスミスに頼<ruby>頼<rt>たの</rt></ruby>む ● A sensei has a request for Mr. Smith

先　生：　スミスさん、あのう、来週から書道やるんでしょう？＜ええ＞ そのことで
　　　　　スミスさんにちょっと頼みたいことがあるんだけど。＜何でしょうか＞ スミ
　　　　　スさん、書道の先生との連絡係をやってくれない？

スミス：　え、私がですか。

先　生：　うん、連絡事項をみんなに伝えるとか、みんなの意見を小森先生に伝えると
　　　　　かしてもらえるとありがたいんだけど。

スミス：　できるかなあ。

先　生：　大丈夫ですよ。やってくださいよ。

スミス：　ほんとに連絡するだけなんですか。＜ええ＞ じゃ、やらせていただきます。

先　生：　あ、そう、よかった。

②事務の人がホワイトに頼む ● A request for Miss White from someone in the office

大久保：　あ、ホワイトさん、＜はい、何ですか＞ あのう、今度のクリスマス・パー
　　　　　ティーのことなんですけどね。＜はい＞ ちょっと手伝ってくれないかしら。

ホワイト：はい、いいですよ。それでどんなことをするんでしょうか。

＊書道	しょどう	calligraphy
＊連絡係	れんらくがかり	a liaison person
＊連絡事項	れんらくじこう	given instructions
＊伝える	つたえる	to tell
＊意見	いけん	opinion

大久保： たとえば、買い物をしたり、お金を集めたりしてほしいんだけど。

ホワイト： そうですか。

大久保： 2、3人の学生で相談してやってもらえない？

ホワイト： そうですか。じゃ、誰か友だちに相談してみます。きっと誰か一緒にやって くれると思いますから。

大久保： じゃ、お願いします。

［辞去する　A］——話の切れ目を見はからって自分できっかけを作る

Leave-taking A—Taking one's leave at a natural break in the conversation

①時計を見て（その1）　● Looking at one's watch (1)

スミス： あ、もうこんな時間ですね。そろそろ失礼しませんと。

大　家： まだいいじゃありませんか。

スミス： でも、まだ宿題が残ってますから。

大　家： そうですか。

スミス： ごちそうさまでした。

大　家： いいえ。

スミス： 失礼いたします。

②時計を見て（その2）　● Looking at one's watch (2)

スミス： あ、もう5時ですね。お忙しいところ遅くまでお邪魔いたしまして。

先　生： いえいえ、いいんですよ。

スミス： いろいろ教えていただきましてありがとうございました。＜いいえ＞ 失礼し ます。

＊お金を集める　　　　　ぉかねをあつめる　　　　　to gather money
＊（話の）切れ目　　　　（はなしの）きれめ　　　　between topics
＊見はからう　　　　　　みはからう　　　　　　　　to choose a time

③話の切れめを見て　● Taking advantage of a break in the conversation

ホワイト：　<u>あ、先生、お仕事がおありだったのではありませんか。</u>（立ち上がる）

先　生：　いやあ、大丈夫ですよ。

ホワイト：　<u>長居をいたしまして。</u>

先　生：　いやあ、こちらこそ面白い話聞かせてもらって。

ホワイト：　いえ、では失礼いたします。ごめんください。

[辞去する　B]──相手が話を終えようとしているサインを読み取る

Leave-taking B──After receiving a signal from the other person

①先生に何かお願いした　● After having made a request of a professor

先　生：　<u>じゃ、また電話で連絡しますから。</u>

スミス：　どうも面倒なことをお願いいたしまして。

先　生：　いいえ。

スミス：　（立ち上がりながら）　今日はどうもありがとうございました。＜いえいえ＞
　　　　　今後ともどうぞよろしくお願いいたします。では、失礼いたします。

②先生に何か教えていただいた　● After having been instructed on something by a professor

先　生：　<u>まあ、だいたいこんなところでしょうか。</u>

ホワイト：　はい、わかりました。今日はほんとうにありがとうございました。

先　生：　いやいや、お役に立ったかどうかわかりませんが。

ホワイト：　いえ、大変参考になりました。

　　　　　（立ち上がって）　今日はお忙しいところ、お時間を作っていただきまして、

＊長居をする	ながいをする	to stay for a long time
＊読み取る	よみとる	to catch the import
＊面倒な	めんどうな	troublesome
＊役に立つ	やくにたつ	to be useful
＊参考になる	さんこうになる	to be instructive

　　　　　　ほんとうにありがとうございました。

先　生：　いいえ。

ホワイト：　では失礼いたします。ごめんください。

③先生に相談にのっていただいた　　● After having received advice from a professor
　　　そうだん

先　生：　(伸びをしながら)<u>じゃ、そういうことでやってみてください。だいたいその</u>
　　　　　<u>線でいいと思いますよ。</u>

スミス：　そうですか。今日はお忙しいところほんとうにすみませんでした。

先　生：　いいえ。また何かあったらいつでも来てください。

スミス：　ありがとうございます。では失礼します。

＊伸びをする　　　　　のびをする　　　　　　to stretch (one's limbs)

会 話 文 Dialogues 📼

本文のテープをよく聞きなさい。そして下線の部分がテープと同じように言えるように
しなさい。

Listen carefully to the tape. Practice until you can say the underlined part the same as on the tape.

場面5. 木村先生から依頼され、交渉して引き受ける
● Being asked to do something by Professor Kimura and discussing the details

登場人物：スミス

木村先生

場　　所：大学の教育学研究室

木　村：　それはそうと、ちょっと私からスミスさんにお願いしたいことがあるんで
　　　　　すけどね。

スミス：　何でしょうか。

木　村：　実はね、スミスさんに一度アメリカの教育事情について、ゼミで話しても
　　　　　らえないかと思いましてね。＜ええっ＞　まあ、2時間全部でなくてもいい
　　　　　んだけど、1時間半ぐらい話してもらって、あとは質問を受けるっていう
　　　　　ような形で……。どうですか。

スミス：　私がですか。＜うん＞　日本語でですか。＜そう＞　でも、アメリカの教育
　　　　　事情って言っても、どんな点について話せばいいか……。

木　村：　まあ、みんな本を読んで知っているとは思うけど、日本とアメリカでは授
　　　　　業形式なんかも違うわけでしょう？　＜はい＞　その辺をね。＜はあ＞　例
　　　　　えば、日本のような教壇講義形式ではないとか、なんでも無理やり覚えさ
　　　　　せるという、暗記教育ではないとか、＜はあ＞　初等教育でもいろいろ違う
　　　　　でしょう？

スミス：　はあ、でも、1時間半も話すのはちょっと。

木　村：　まあ、何でしたら、1時間でもいいですよ。スミスさんの経験に基づいて、
　　　　　具体的に話してもらえると、ありがたいんですがね。

スミス：　うまくできるかどうか自信がないんですけど。

木　村：　いやあ、大丈夫ですよ。聞く人たちもみんな、内輪のゼミの人たちだけだ
　　　　　し……。

スミス：　そうですか。本当に1時間でよろしいんでしょうか。

木　村：　ええ、ま、2回やってくれればありがたいけどね。

スミス：　いや、2回はちょっと……。1回ぐらいならまあ何とか……。

木　村：　そうですか。じゃ、1回でもいいですよ。ぜひお願いしますよ。＜はあ＞
　　　　　いつでもいいですから。

スミス：　今月はちょっとセンターの方が忙しいので、できれば、来月ぐらいにして
　　　　　いただけるとありがたいんですが。

木　村：　いいですよ。ええと、来月の第3週ぐらいはどうですか。

スミス：　はい、けっこうです。

木　村：　じゃ、来月の第3週、お願いします。

スミス：　うまくできるかどうかわかりませんが。

木　村：　スミスさんなら大丈夫ですよ。

スミス：　いやあ。

スミス：　あ、もう5時ですね。こんな時間までお邪魔してしまいまして。

木　村：　いやいや、こっちこそ無理なこと言っちゃって……。

スミス：　では、失礼いたします。

木　村：　どうも。

場面６．ゼミで発表後、友人からほめられる ● Being praised for his seminar talk
はっぴょうご ゆうじん

登場人物：スミス

学生A、B、C、D
がくせい

場　　所：教室
きょうしつ

学生A：　ほんと、スミスさんの話、おもしろかったですよ。

スミス：　そうですか。どうも。

学生B：　スミスさんの話を聞くと、日本の子供がどんなに過酷な状況にあるかよくわ
　　　　　かるね。

学生C：　それと、どうしてああ画一的にやらなきゃならないのか、改めて考えさせら
　　　　　れますね。

学生D：　やっぱり本読むよりよくわかりました。

学生B：　おまえなんか、本読んだってわかるわけないよ。

学生D：　どうして？

学生B：　いつも、本読みながら半分寝てるじゃないか。図書館で。

学生D：　よく言うよ。おまえなんかこの間、いびきかいてグーグー寝てたぜ。

＊過酷な	かこくな	severe
＊状況	じょうきょう	circumstances
＊画一的な	かくいつてきな	uniform
＊いびきをかく		to snore
＊グーグー寝る	グーグーねる	to sleep soundly

場面7．ニューヨークの関根先生に近況を知らせる（p.151より）
● Keeping Professor Sekine in New York informed about recent events

先生も、どうぞくれぐれもお体にお気をつけください。

敬具

五月十日

デビッド・スミス

関根一彦先生

＊くれぐれも　　　　　　　　earnestly, sincerely

も増えたので、出かける機会も増えてきました。この間も初めて能を見に行きました。皆に「途中で眠らないように」などと言われて行ったのですが、想像していたよりずっと面白くて全然眠くはなりませんでした。狂言もとても面白かったです。これからも気分転換を兼ねて、休日にはなるべくいろいろな所へ行き、いろいろなものを見てみようと思っています。

こんな調子で大変楽しく過ごしていますから、どうぞご安心ください。

またお便りいたしますが、ニューヨークはこれからますます暑くなると思います。

(p. 148へつづく)

＊増える	ふえる	to increase
＊途中	とちゅう	in the middle
＊想像する	そうぞうする	to imagine
＊気分転換	きぶんてんかん	a change（of scene, environment, etc.）
＊こんな調子で	こんなちょうしで	(things go on) like this
＊お便り	おたより	letter

という本を読んでいるのですが、これも大学院生の島岡さんという方に週一回ずつ見ていただけることになり、ほっとしています。

先日はゼミで、アメリカの教育事情について発表する機会がありました。日本語で発表するのは初めてで緊張しましたが、自分では何とかうまく話せたのではないかと思います。

お世辞かも知れませんが、友人たちにも「おもしろかった」と言われて、なんだかちょっと恥ずかしいような気もしました。でも、とてもいい経験になりました。

しかし勉強だけしているわけではありません。日本の生活にも慣れ、日本人の友達

(p. 149へつづく)

＊ほっとする		to feel relieved
＊機会	きかい	chance, opportunity
＊緊張する	きんちょうする	to be tense
＊お世辞	おせじ	compliment

拝啓

ニューヨークも もう ずいぶん暑くなってきた
ことと思います。こちら横浜も、すっかり
初夏の日差しを感じるようになってきました。
すっかり御無沙汰してしまいましたが、その後
先生にはお変わりなく お過ごしのことと
存じます。私も相変わらず忙しい毎日を
送っています。先月からは大学に聴講に
行き始め、ますます忙しくなりました。
初めは授業についていけるかどうか心配でし
たが、先生にも他の学生にもとても親切に
していただいて、大変いい勉強になり喜ん
でいます。今、「明治授業理論史研究」

（p. 150へつづく）

* すっかり		completely
* 日差し	ひざし	sunlight
* 御無沙汰	ごぶさた	haven't written to you for a long time
* 聴講	ちょうこう	auditing a course

応用練習 Application Exercises

1. 下の①〜⑤の場面で、交渉する練習をしなさい。

Practice negotiating in the situations below.

① アメリカの友人があなたのアパートに1か月ぐらい住まわせてほしいと言っていま

す。大家さんとの約束では、ほかの人を住まわせてはいけないことになっています。

大家さんに友人を泊めてもいいかどうか尋ね、泊めさせてもらえるように交渉しな

さい。先生が大家さんになります。

An American friend wants to stay with you for a month but your arrangement with your landlord/landlady forbids any guests. Discuss the matter with him/her. (Your teacher will be your landlord／landlady.)

② 冬休みにアメリカから映画のロケ隊が来て2週間ぐらい東京近辺でロケをするので

すが、その通訳をしてほしいと頼まれました。条件などをよく確かめて、引き受け

るか断るか決めなさい。

An American film crew is going to be doing location shooting in the Tokyo area during winter vacation and you have been asked to act as their interpreter. Discuss the terms and decide whether or not to do it.

③ NHKから学生何人かに出演の依頼が来ました。アメリカの学生生活について話し

てほしいとのことです。先生は出てみたらどうかと言っています。条件を聞いて引

き受けるか断るか決めなさい。

NHK would like a number of students to talk about schoollife in the United States on a TV program. Your teacher advises you to do it. Discuss the terms and decide whether or not to do it.

④ 横浜市主催の「国際化とその問題点」についてのパネルディスカッションで、司会

＊大家	おおや	landlady, landlord
＊ロケ隊	ロケたい	film crew for location shooting
＊近辺	きんぺん	neighborhood
＊通訳	つうやく	interpreter
＊確かめる	たしかめる	to confirm, to ask
＊引き受ける	ひきうける	to undertake, to accept
＊断る	ことわる	to decline
＊出演	しゅつえん	taking part in a program
＊主催	しゅさい	sponsorship
＊国際化	こくさいか	internationalization
＊司会	しかい	moderator

をしてほしいと頼まれました。パネラーなら出てもいいと思っています。司会はしたくないが、パネラーならいいという条件で交渉しなさい。

You have been asked to act as moderator for a panel discussion on internationalization sponsored by Yokohama City. Negotiate on the term that you'd rather just be a panellist and not the moderator.

⑤ 雑誌に自分の日本語学習経験を書いてくれと頼まれました。インタビューくらいなら応じてもいいのですが、あまり書きたくありません。条件などをよく確かめて、引き受けるかどうかを決めなさい。

You have been asked by a magazine to write an article about your experiences learning Japanese. You're willing to be interviewed about it but don't want to write a whole article in Japanese. Discuss the terms carefully and decide whether or not to do it.

2. 上の①〜⑤について、1) 人に会い、2) 交渉し、3) 辞去するという流れにそってやってみなさい。

In the above situations go through the steps of 1) meeting the person, 2) having discussions, and 3) taking your leave.

＊雑誌	ざっし	magazine
＊応じる	おうじる	to comply with
＊流れにそう	ながれにそう	to go along the lines of 〜

付　録

Supplementary Dialogues

Unit 1　(p. 6)

① Asking for the number of the Ginza Yamaha store selling musical instruments

Smith:　Excuse me, I'd like to have the number for the Yamaha musical instrument store located in Ginza. 〈Just a moment, please〉

104:　I will look that up now. Please be prepared to write it down.

Thank you for waiting. That's the Yamaha at 6-chome, isn't it? 〈Yes〉 That number is 3572-3132.

Smith:　That's 3572-3132? 〈Yes, that's right〉 Thank you.

104:　You're welcome.

② Asking for a friend's number

104:　Thank you for waiting. This is 104.

Smith:　Excuse me, I'd like the number for Shiratori Reiko of Minami Azabu, Minato-ku, please.

104:　Please hold on.

Thank you for waiting. I don't see a listing for that name. Do you happen to know the exact address?

Smith:　Yes, it's 3-7-1 Minami Azabu.

104:　Well, there is a listing for a Shiratori Soichiro.

Smith:　Yes, that's probably it.

104:　That number is 3451-4321.

Smith:　3451-4321? 〈Yes〉 Thank you very much.

104:　Not at all.

Unit 2　(p. 16)

① Telephoning the International House and asking about a lecture

IH:　Hello, this is the International House.

Smith:　Hello, I'm calling to make an inquiry. 〈Yes〉 Actually I am calling about tomorrow's lecture.

IH:　Yes, what would you like to know?

Smith:　I am Mr. Smith of the Inter-University Center in Yokohama. 〈Yes〉 I heard that you will be having a lecture there tomorrow by Professor Araki. 〈Yes, we will be〉 Well, I would like to attend the lecture. Will it be necessary to make any advance application?

IH:　No, you may simply come tomorrow.

Smith:　I see.

IH:　Yes, it will start at 2 o'clock.

Smith:　Well, I'll be coming tomorrow then.

IH:　We hope you can make it.

Smith:　Thank you very much.

② **Telephoning a library and inquiring about its regulations**

Lib:	Hello, this is the city library.
White:	I'd like to inquire about using the library.
Lib:	Yes, exactly what would you like to know?
White:	Are there any particular requirements for use?
Lib:	No, anyone who lives in the city, goes to a school in the city, or works for a company in the city can use the library.
White:	I see. And what will need to have to borrow books?
Lib:	If you could bring something that confirms your address then we can make a library card for you to borrow books.
White:	I'm an American. Would my Alien Registration Certificate be OK?
Lib:	Yes, that would be fine.
White:	I see. Thank you very much.
Lib:	Not at all. Goodbye.

Unit 3 (p. 28)

① **Telephoning when one will be late**

Sasaki:	This is the Inter-University Center.
Smith:	This is Mr. Smith.
Sasaki:	Oh, good morning, Mr. Smith.
Smith:	Good morning. Well, to tell the truth, I'm waiting for a telephone call from the United States. ⟨Yes⟩ It hasn't come yet, ⟨Yes⟩ and I'm afraid that I won't be able to make the first-hour class today. ⟨I see⟩ Therefore would you please be so good as to inform Kotani Sensei of that?
Sasaki:	Yes, I see. I'll tell Kotani Sensei.
Smith:	Thank you very much.

② **Telephoning when one will be absent (1)**

Sasaki:	This is the Inter-University Center.
White:	This is Miss White.
Sasaki:	Oh, Miss White. ⟨Yes⟩ Is something wrong?
White:	I'm in Marunouchi now for a job interview but it's running late and isn't through yet. ⟨I see⟩ So it doesn't look like I'll be able to go to my afternoon class. Could you please tell Shimizu Sensei about that?
Sasaki:	Yes, I will. Well, good luck with the interview.
White:	Thank you.

③ **Telephoning when one will be absent (2)**

Sasaki:	This is the Inter-University Center.
Smith:	This is Mr. Smith.
Sasaki:	Good morning.
Smith:	Well, actually a professor from my university in the United States is in Japan now. ⟨I see⟩ Yes, and we will be discussing my future plans. ⟨Yes⟩ Therefore I would like to be excused for the whole day today. ⟨Yes, you won't be coming in today⟩ That's right. Would you please tell Nishida Sensei about that?

Sasaki: Yes, I see. I'll tell Nishida Sensei about that.
Smith: Thank you very much.

④ **Informing of an absence in person**

White: Oh, Saito Sensei.
Saito: Oh, Miss White.
White: Actually I'm feeling a little under the weather. Could I be excused from this afternoon's class?
Saito: Will you be all right?
White: Yes, I'll be OK. And could I have the text for tomorrow?
Saito: Tomorrow's text? Just a moment. ⟨OK⟩ Here you are.
White: Thank you. I'm sorry for the bother.
Saito: No, no. Take care of yourself.
White: I will. Goodbye.

⑤ **Apologizing after class for being late**

Smith: I'm very sorry to have come late to class today, Sakaue Sensei. There was some accident and the trains were running late.
Sakagami: An accident? The train must have been very crowded then.
Smith: Yes, it was jam-packed.
Sakagami: Oh really?

Unit 4 (p. 40)

[Being praised]

① Yamada: Your Japanese is really good.
  Smith: No, no. I still have a lot to learn.
  Yamada: But you must be good enough that you no longer need to study.
  Smith: Well, I would certainly like to be at that point before too long.

② Seminar sempai: You're such a serious student, Mr. Smith.
  Smith: Oh?
  Sempai: You're always prepared for class and you actively take part during class.
  Smith: Well, I came to Japan to study so that's only natural.
  Sempai: No, that attitude is not to be found everywhere.

③ Seminar friend: What you said was very interesting.
  White: Do you really think so?
  Friend: Yes, we Japanese are unconscious of that tendency, but when it is pointed out by an outside observer we have to admit the truth of it.
  White: I was afraid I was being a little too opinionated.
  Friend: Not at all. What you said was right on target.
  White: Really? That's always good to hear.

④ Dorm sempai: I heard that you were a junior champion in tennis, Miss White.
  White: You did?
  Sempai: You must be a good player.

White: No. that was a long time ago.
Sempai: You must give me some pointers sometime.
White: I haven't played for a long time... But I'd certainly like to play with you if there was a chance to do so.
Sempai: I'll be looking forward to it.
White: Me too. Let's be sure to play sometime.

[Praising]

① Smith: I hear that you had a book review published in Iwanami's "Tosho," Mr. Hattori.
Hattori: Oh, that. Have you read it?
Smith: No, I haven't actually read it myself, but my seminar professor said it was exactly right.
Hattori: Really? That's good to hear.

② White: This is very good. Did you really make it yourself, Iida-san?
Iida: Yes, I did. Don't you think I'm a good cook?
White: Yes, I had no idea you could cook like this.
Iida: Yes, I'm a man of many hidden talents!

Situation Practice

[Responding to praise]

① Teacher: You've improved a lot compared to September.
Smith: _____.
Teacher: Please keep up the good work.
Smith: _____.

② Sempai: Can you read difficult kanji like this, Mr. Smith?
Smith: _____.
Sempai: You should be teaching me.
Smith: _____.

Unit 5 (p. 57)

① When a book is out of print

A: Thank you for calling. This is the Lumine branch of Yurindo.
Smith: I'd like to know if you have a certain book I'm looking for.
A: What book is that, sir?
Smith: It's *Gendai Nihonron* published by Chikuma Shobo.
A: One moment, please, and I'll connect you with that department.
B: Hello, how may I help you?
Smith: I wonder if you have the book *Gendai Nihonron* from Chikuma Shobo — it's the 15th volume in the series *Sengo Nihon Shiso Taikei.*
B: I see. Please hold on a moment.
         Sorry to have kept you waiting. That book is now out of print.
Smith: Oh, I see. Thank you.

② Having a book held for you

A: Hello, this is Kinokuniya.
White: I'm looking for a certain children's book.
A: Please hold on while I connect you with that department.
B: Hello, how may I help you?
White: Do you have a book entitled *Usagi no Me*?
B: Yes, I think so, but please wait and I'll check.
Thank you for waiting. That's *Usagi no Me* by Haitani Kenjiro? We do have it. What would you like us to do in the matter?
White: Could you please hold it for me?
B: Yes, we will do so. Could you please give me your name and telephone number?

③ Placing a special order for a book

A: Hello, this is Maruzen Bookmates.
Smith: I would like to know if you have a certain linguistics book in stock.
A: I see. Please hold on.
B: Hello. I'm sorry to have kept you waiting.
Smith: Hello. Do you happen to have the book *Imi no Sekai*?
B: Do you know the author and publisher?
Smith: The author is Ikegami something or other, I think. I don't know the publisher.
B: I see. Please hold on while I check to see if we have it.
Hello, I'm sorry to have kept you waiting. ⟨Yes⟩ There's a book entitled *Imi no Sekai* by Ikegami Yoshihiko from NHK Books. Would that be it?
Smith: Yes, I think so.
B: I'm sorry, but that book is out of stock at the moment so that we would have to order it for you.
Smith: I see. How many days would that take?
B: About two weeks, I think.
Smith: I see. Well, please order it for me then.
B: Certainly. Could you please give me your name and address?
Smith: Yes. I'm David Smith of 1-2, Sakuragicho, Naka-ku, Yokohama.
B: That's Mr. David Smith. And your telephone number?
Smith: It's 045-262-3749.
B: 045-262-3749. ⟨Yes⟩ All right, we will let you know as soon as the book comes in.
Smith: Thank you.
B: Thank you very much.

Unit 6 (p. 68)

① Refusing a request

YMCA: Hello, how may I help you?
Smith: This is Mr. Smith of the Inter-University Center. ⟨Yes⟩ The other day a Yokohama city official talked to me about giving a talk at the YMCA comparing education in the United States and Japan.
YMCA: Yes, we certainly hope that you can speak here. Do you think you will be able to do so?
Smith: Well, I'm very sorry but we have to give speeches at the Center about then ... ⟨I see⟩ I will have to prepare for that so ...

YMCA: Oh? But this shouldn't take very much of your time. Couldn't you please fit it in somehow?
Smith: <u>But I've never given a speech before in Japanese,</u> ⟨Yes⟩ <u>and it would require a lot of time in preparation. I'm afraid I really can't help you out.</u>
YMCA: I see. That's too bad, but maybe we can arrange something at another time.

② Refusing an offer

Sensei: I hear you want to move, Mr. Smith.
Smith: Yes, I do. I'm living now at a relative's home, but it's a little far from the Center.
Sensei: I see. I know a place where you could live with a family.
Smith: <u>Thank you very much. That's very kind of you ... But actually I'm used to living alone so I think I'll look for an apartment.</u>

③ Accepting an offer

Kuroki Sempai: Oh, Miss White, you asked me the other day if there wasn't somewhere where you could buy video tapes cheap.
White: Yes, that's right.
Kuroki: Well, I'm going today to a place where they're quite cheap. If you'd like, I'd be happy to buy some for you at the same time.
White: <u>Wouldn't that be a bother?</u>
Kuroki: How many do you want?
White: <u>Two or three would be plenty.</u>
Kuroki: Oh, that wouldn't be any bother at all.
White: <u>Are you sure?</u>
Kuroki: Of course.
White: <u>Well, in that case, I'd appreciate it very much.</u>

Unit 7 (p. 78)

① Seeking advice on studying Japanese

Smith: <u>There's something I'd like to ask your advice about, sir.</u>
Sensei: Yes, what might that be?
Smith: <u>It's about studying Japanese.</u>
Sensei: I see. And what in particular?
Smith: Well, thanks to studying at the Center for several months, my Japanese has greatly improved, I think.
Sensei: Yes, that's true.
Smith: But <u>I'm having a hard time learning kanji.</u>
Sensei: I see.
Smith: <u>Isn't there some good method for learning them?</u>
Sensei: Well, I'm afraid there's no alternative to learning them a few at a time day by day. How about making more use of our kanji classes?

② Seeking advice on dealing with a door-to-door newspaper salesman

White: Why are the people trying to sell newspaper subscriptions so persistent? Is it the same where you live, Mr. Tanaka?

Tanaka: Yes, of course.

White: The other day, ⟨Yes⟩ one of them stayed and stayed for 20 minutes or so saying the first month would be free of charge or he would give me free detergent or gift certificates for beer if I would only subscribe to his paper. ⟨I see⟩ <u>What do you do in cases like that?</u>

Tanaka: Well, I say that I have an obligation to the local agent for the newspaper I'm already taking or that I have a relative working there.

White: Does that work?

Tanaka: Yes, they generally give up then and go away.

White: Oh.

Tanaka: But that sort of excuse wouldn't work for you.

White: No, it wouldn't. <u>Isn't there some good excuse I could use for refusing?</u>

Tanaka: Let me think. How about pretending you don't speak Japanese?

White: I don't like to lie like that.

Tanaka: Yes, that would be a lie. Hmmm... Well, you could say that they take it at the Center.

White: Ah, that's a good idea.

Unit 8 (p. 91)

① Telephoning Mr. Inoue in the foreign exchange section

Abe: Hello, this is the foreign exchange section.

Smith: This is David Smith. I'm sorry to trouble you, but could I please speak with Mr. Inoue?

Abe: Ah, <u>Mr. Inoue has just stepped away from his desk.</u>

Smith: I see. <u>When he returns, could you please ask him to telephone Mr. Smith?</u>

Abe: Yes, I will.

Smith: My telephone number is 045-212-3046.

Abe: Mr. Smith, at 045-212-3046.

Smith: Yes, that's right. Thank you very much.

② Telephoning Miss Nagashima in the sales section of the Yamakawa Trading Company

Bando: Hello, this is the sales section of Yamakawa Shoji.

White: This is Miss White. I'd like to talk with Miss Nagashima, please.

Bando: I'm very sorry, but <u>Miss Nagashima is out right now.</u>

White: I see. Well, <u>could you just tell her that I telephoned?</u>

Bando: Yes, of course. That was Miss White, wasn't it?

White: Yes. Thank you.

③ Offering to take a message (Mr. Yamashita is Mr. Smith's roommate.)

Smith: Hello.

Saito: Hello, this is Miss Saito. Is Mr. Yamashita there?

Smith: No, he's not back yet.

Saito: I see.

Smith: <u>Would you like to leave a message?</u>

Saito: Well, <u>could I trouble you to take the following message?</u>

Smith: Certainly.

Saito: <u>Actually it's about the *kenkyukai* scheduled for tomorrow. The professor can't come so it's been cancelled. Would you please tell him that?</u>

Smith: Tomorrow's *kenkyukai* has been canceled.

Saito: That's right.

Smith: And that's Miss Saito. Yes, <u>I'll be sure to tell him.</u>

Saito: Thank you. Goodbye.

Smith: Goodbye.

④ **Leaving a message for Professor Kimura with his wife**

Mrs. Kimura: Hello, this is the Kimura residence.

White: I'm sorry to disturb you in the evening. <u>My name is White, and I'm a student of Professor Kimura's at Yokohama University. Is the Professor at home now?</u>

Mrs. K: No, at the present time he is on a professional trip to Kyoto.

White: I see.

Mrs. K: But he will be returning tomorrow night.

White: I see. <u>In that case, could I trouble you to take a message for him?</u>

Mrs. K: Yes, of course.

White: <u>It's about the next *kenkyukai* 〈Yes〉. The time has now been set for 2 p.m. on Thursday, the day after tomorrow 〈Yes〉. Could you please inform him of that?</u>

Mrs. K: The *kenkyukai* will be at 2 p.m. the day after tomorrow.

White: Yes, that's right.

Mrs. K: <u>I'll be sure to tell him that when he gets back.</u>

White: <u>Thank you very much for your trouble.</u>

Mrs. K: Not at all.

White: Well, goodbye.

Mrs. K: Goodbye.

⑤ **Leaving a message with a friend's roommate** (Mr. Shimaoka: a friend of Mr. Smith's, Mr. Kinoshita: Mr. Shimaoka's roommate, whom Mr. Smith knows well.)

Kinoshita: Hello.

Smith: Hello. This is David Smith.

Kino: Oh, Mr. Smith.

Smith: Thank you for your hospitality the other day.

Kino: No, no. Did you want to talk with Mr. Shimaoka?

Smith: Yes, please.

Kino: Actually he hasn't come home yet.

Smith: I see. Do you know when he'll be back?

Kino: No, I'm afraid I don't.

Smith: I see. Well, <u>could you give him a message?</u>

Kino: Of course.

Smith: <u>It's about the next *kenkyukai* 〈Yes〉. Could you please tell him that the time has been set for 2 p.m. on Thursday, the day after tomorrow?</u>

Kino: The *kenkyukai* will be at 2 p.m. the day after tomorrow, right?

Smith: Yes, that's right.

Kino: OK, I've got that.

Smith: Well, that's all.

Kino: OK. Well, see you later.

Smith: Right. See you later.

⑥ **Leaving a message on the Iida's answering machine**

Ans. machine: This is the Iida's. I'm sorry, but no one is home at the moment. Please leave your name

付　録

and message at the sound of the beep. (Beep)

White: Ah, this is Miss White. It's about the tape that you borrowed the other day. Actually I need to use it soon myself so I'd appreciate it if you could bring it to school tomorrow. Thank you.

⑦ Leaving a message on the Kawaguchi's answering machine

Ans. machine: Hello, this is the Kawaguchi residence. I am out at the moment, but I will return your call so please leave your name and telephone number at the sound of the beep. (Beep)

Smith: Hello, this is Mr. Smith. I think you already have my number, but it is 980-9801. I will be awaiting your call.

Unit 9 (p. 102)

① Refusing an invitation (1)

Hasegawa: Do you have anything planned for this Saturday?
White: Uh, I'll have to check my schedule.
Hase: If you're free, would you like to go to a movie with me?
White: A movie? Is there something good showing now?
Hase: Yes, it's Golden Week so there are several interesting movies on.
White: But aren't the theaters crowded during Golden Week?
Hase: Well, they aren't exactly empty.
White: I don't really like crowds...
Hase: Neither do I.
White: Just a minute — this coming Saturday is out for me.
Hase: Oh? How about Sunday?
White: I've already arranged to go to a play on Sunday.
Hase: Well, how about next week then?
White: I'm afraid I won't really know for sure until next week.
Hase: I see.

② Refusing an invitation (2)

Yamada: Have you seen a kabuki performance yet, Mr. Smith?
Smith: I've seen it once on TV.
Yamada: I see. A friend of my mother's has given her some kabuki tickets and I thought you might like to go see it with me.
Smith: Well, I'm sure kabuki is very beautiful, but I wouldn't understand much of what was said...
Yamada: Oh? But Japanese viewers don't understand much either.
Smith: Really?
Yamada: Yes, of course. Wouldn't you like to see the real thing at least once?
Smith: But if I can't understand the words then I wouldn't be able to understand the story at all. And I'm very busy at school now too.
Yamada: Oh?
Smith: Yes.
Yamada: Well, if you should have time sometime in the future, let's go together.
Smith: Yes, let's. Thank you very much for the invitation anyway.

Unit 10 (p. 115)

① Making a request

Receptionist: Hello, this is Sun Productions.

Palmer: Hello, this is Miss Palmer, and I'm a graduate student at Stanford University ⟨Yes⟩. Could I please have the Public Relations Department?

Recep: Yes, please hold on.

PR: Hello, this is Public Relations.

Palmer: My name is Miss Palmer and I am a graduate student at Stanford University ⟨Miss Palmer⟩. Yes, I'm a student now at the Inter-University Center. I apologize for this sudden telephone call today.

PR: Not at all. And what can I do for you?

Palmer: Actually a friend and I are very interested in Japanese teen idols ⟨Yes⟩. And so we are hoping to investigate the music business for a research project to learn more about Japan.

PR: What sort of investigation is that?

Palmer: Well, we'd like to investigate how teen idols are discovered, what sort of training they receive, and so on.

PR: And you want to investigate that sort of thing as a research project.

Palmer: That's right. I know it will be an imposition but could I possibly visit you and discuss it with you?

PR: I think I understand now what you want to do. You are welcome to talk with us about those sorts of things.

Palmer: Really? I'm sorry to impose on your busy schedule.

PR: And when would you like to come?

Palmer: Well, would Wednesday afternoon be all right?

PR: Wednesday afternoon. How about 3 p.m.?

Palmer: 3 p.m. That would be fine.

PR: Do you know where we are located?

Palmer: Yes, I do. Thank you very much for kindly considering our sudden demand.

PR: I'm Mr. Yamashita. Please tell the receptionist you want to see Yamashita of the Public Relations Department when you come.

Palmer: Mr. Yamashita. Thank you very much.

PR: I'll be expecting you on Wednesday then.

Palmer: Goodbye.

PR: Goodbye.

② Offering to help

Sensei: By the way, Mr. Smith, you're coming to the Yokohama City party, aren't you?

Smith: I'm afraid that day is a little inconvenient for me.

Sensei: You aren't going? ⟨No⟩ Oh, that puts me in a bind.

Smith: Why, what is it?

Sensei: I was going to ask you to say a few words as the representative of the Center students.

Smith: Oh, I'm sorry.

Sensei: If you can't do it ... What should I do now?

Palmer: If you'd like, I could do it.

Sensei: Oh? That would be a real help.

Palmer: Well, I don't know how good a job I can do of it.

Sensei: You'll do fine. Well, I'll be counting on you then.

Palmer:　OK.

Situation Practice 2.

① **Ms. Ogawa, a coworker of Mr. Smith where he has a part-time job, is having trouble typing something**

Ogawa:　Oh, another mistake!

Smith:　What's wrong?

Ogawa:　I'm trying to type this letter, but it's not going at all well.

Smith:　It's already written, isn't it?

Ogawa:　Yes, it's just a simple thank-you letter.

Smith:　＿＿＿＿＿＿＿＿＿＿＿＿＿＿＿＿＿＿＿＿＿＿＿＿＿＿.

Ogawa:　No, I couldn't let you do that.

Smith:　＿＿＿＿＿＿＿＿＿＿＿＿＿＿＿＿＿＿＿＿＿＿＿＿＿＿.

Ogawa:　Really? Well, thank you very much.

② **Straightening up the desks and chairs after a special lecture**

Sensei A:　Well, let's straighten up now.

Sensei B:　This is from the room next door, isn't it?

Sensei A:　Oof, it's heavy!

Smith:　＿＿＿＿＿＿＿＿＿＿＿＿＿＿＿＿＿＿＿＿＿＿＿＿＿＿.

③ **It starts raining just as Mr. Yasui is leaving**

Yasui:　And the weather forecast only gave a 20% chance of rain today!

Smith:　Yes, and it was such nice weather earlier.

Yasui:　I don't have an umbrella with me. Darn.

Smith:　＿＿＿＿＿＿＿＿＿＿＿＿＿＿＿＿＿＿＿＿＿＿＿＿＿＿.

④ **Mr. Terada and Mr. Smith are waiting for a friend who is 20 minutes late**

Terada:　He might have forgotten about it. I'll just try giving him a call.

Smith:　Yes.

Terada:　(Appears to have no change for the telephone)

Smith:　＿＿＿＿＿＿＿＿＿＿＿＿＿＿＿＿＿＿＿＿＿＿＿＿＿＿.

Unit 11 (p. 128)

[**Discussing a payment**]

① **Miss White is going to teach English to Mr. Kinoshita's coworkers at his request**

White:　Then the class will be for two hours every Wednesday evening starting at 6 p.m.

Kinoshita:　Yes, everyone is looking forward to it because they haven't had such a chance to study recently. ⟨Oh?⟩ About the fee...

White:　Yes?

Kino:　About how much should we pay?

White: Well . . . I didn't know myself so I asked a friend who is teaching, and it seems the going rate is 5,000 yen per hour.
Kino: I see. I'll tell them.

② **Miss White has been asked by a sempai, Mr. Harada, to translate some public relations papers for his company**

White: About the translation you talked to me about the other day — I've received it and I'm working on it now.
Harada: Oh, how is it?
White: Well, it's quite an interesting text, but it contains a lot of specialized terms . . . I'm learning a lot doing it. But actually I haven't heard anything yet about how much they intend to pay per page. ⟨I see⟩ It's a little awkward for me to ask . . .
Harada: I understand. I'll ask them about it.
White: I'd appreciate that a lot.

[**Discussing paying for a meal**]

① **Being treated by a professor**

Prof: Oh, I'll pay that.
Smith: No, I couldn't let you do that.
Prof: No, no. It's nothing. Don't worry about it.
Smith: But I couldn't . . .
Prof: No, no. It's OK. Really, it's OK.
Smith: Are you sure? Well, I'll accept your kind hospitality then. Thank you very much. ⟨Not at all.⟩ Thank you for the fine meal.
Prof: You're welcome.

② **Treating a sempai**

Smith: I'll pay this time.
Shimaoka: No, no. That's all right.
Smith: No. You're always treating me so I'll pay today.
Shima: Don't worry about it. It's OK.
Smith: No, no. Actually I'm pretty flush right now because I just got paid for doing some interpreting. ⟨Oh?⟩ So I'll pay today.
Shima: I'd feel bad doing that.
Smith: No, you're always treating me so it's only right for me to pay sometimes.
Shima: Well, I'll let you pay today then.

③ **Splitting the bill**

White: How much is it?
Shimaoka: Don't worry about it. I'll pay.
White: No, no. You paid last time so today . . .
Shima: No, no. That's OK.
White: Well, let's split the bill then. ⟨What?⟩ I can't let you pay every time.
Shima: Oh? Well, let's split it today then.

Unit 12 (p. 141)

[Discussing terms]

① A sensei has a request for Mr. Smith

Sensei:　Mr. Smith, you will be starting calligraphy lessons next week 〈Yes〉. In that connection there's a favor I'd like to ask of you. 〈Yes, what is it?〉 Could you act as liaison with the calligraphy teacher?

Smith:　What, me?

Sensei:　Yes. I would appreciate it if you could pass on instructions from Komori Sensei and then give student opinions to him.

Smith:　I don't know if I can do it.

Sensei:　You'll do fine. Please take it on.

Smith:　It's really only passing along communications? 〈Yes〉 Well, I'll try it.

Sensei:　Oh, good.

② A request for Miss White from someone in the office

Okubo:　Oh, Miss White. 〈Yes? What is it?〉 Uh, it's about the Christmas Party 〈Yes〉. Could you help out a little?

White:　Yes, of course. What would you like me to do?

Okubo:　Buying things, collecting money — that sort of thing.

White:　I see.

Okubo:　Could you get two or three other students to help too?

White:　Oh? I'll ask some friends. I'm sure someone can work on it with me.

Okubo:　Thanks a lot.

[Leave-taking A] — Taking one's leave at a natural break in the conversation

① Looking at one's watch (1)

Smith:　Oh, is it this time already? I must be going soon.

Landlady:　But it's still early.

Smith:　Well, I still have some homework to do.

Landlady:　Oh?

Smith:　Thank you for your hospitality.

Landlady:　Not at all.

Smith:　Well, goodbye.

② Looking at one's watch (2)

Smith:　Oh, it's 5 o'clock! I've stayed so long when you're so busy.

Prof:　No, no. That's all right.

Smith:　Thank you for all your help. 〈Not at all〉 Goodbye.

③ Taking advantage of a break in the conversation

White:　Oh, you had something else you had to do, didn't you? (Gets up)

Prof:　No, no, that's all right.

White:　I'm sorry to have stayed so long.

Prof: Not at all, it was very interesting talking with you.
White: Well I'll be leaving now. Goodbye.

[Leave-taking B] — After receiving a signal from the other person

① After having made a request of a professor

Prof: <u>Well, I'll be telephoning you soon, then.</u>
Smith: I'm sorry to bother you with this.
Prof: Not at all.
Smith: (Getting up) Thank you very much. ⟨No, no⟩ I really appreciate it. Well, goodbye.

② After having been instructed on something by a professor

Prof: <u>Well, that about covers it, I think.</u>
White: Yes, I understand. Thank you very much.
Prof: Not at all. I don't know if I could really help you or not.
White: No, no. It was very instructive.
           (Getting up)   Thank you very much for taking time out of your busy schedule for me.
Prof: Not at all.
White: I'll be leaving then. Goodbye.

③ After having received advice from a professor

Prof: (Stretching) <u>Well, try it that way then.</u>   <u>That should work out, I think.</u>
Smith: I see. Thank you very much for taking time for me today.
Prof: Not at all. Please come again whenever you have anything bothering you.
Smith: Thank you very much. Goodbye then.

Dialogues

• ———————————— **Part 1** ———————————— •

Unit 1

Situation 1.   Asking a sempai to teach one how to play *go*   (p. 8)

Characters: Mr. Smith (a Center student, 26 years old)
Mr. Yamamoto (a sempai living in the same dormitory, 30 years old)

Place: the dormitory recreation room

(Some dormitory residents are playing *go*. Mr. Smith is nearby watching when Mr. Yamamoto comes over.)

Yamamoto: How about it ? Does it look interesting to you ?
Smith: Eh ? Oh, hello there Yamamoto-san. Do you play *go* ?
Yama: Yes, a little.
Smith: Really ? Actually I've wanted to learn how to play for some time. ⟨I see⟩ If it wouldn't be an imposition do you think you could teach it to me ?
Yama: What ? No, no. That's out of the question. I'm not anywhere good enough to teach anyone.
Smith: Oh ? ⟨Yes⟩ Then where do you think I could find a good teacher ?
Yama: Let me think. Well, why don't you inquire at the Nihon Kiin ?
Smith: The Nihon Kiin ?
Yama: Yes, they probably have lessons there.
Smith: Do you happen to know where it is located ?
Yama: In Ichigaya, I think. ⟨Ichigaya. . .⟩ But why don't you telephone them first ?
Smith: Yes, but I don't know the number.
Yama: I don't either. Why don't you call 104 ?
Smith: Oh yes, 104.

Situation 2.   Calling 104   (p. 9)

Characters: Mr. Smith
a 104 operator

104:	Thank you for waiting. This is 104.
Smith:	Excuse me. ⟨Yes⟩ I'd like the number for the Nihon Kiin, please.
104:	Would you happen to know the address ?
Smith:	No, I don't.
104:	Well, how is that written ?
Smith:	Uh, the *"ki"* of Nihon Kiin is the *"ki"* from *"shogi"* ⟨The *"ki"* from *"shogi"*⟩ Yes, and the *"in"* is the *"in"* from *"byoin."*
104:	That's Nihon Kiin with the *"ki"* from *"shogi"* and the *"in"* from *"byoin."* ⟨Yes, that's right⟩ Please wait a moment. ⟨Yes⟩. . . . Hello. ⟨Yes⟩ Sorry to have kept you waiting. The number for the Nihon Kiin is 03-3261 ⟨3261⟩ 1515. ⟨1515 ?⟩ Yes.
Smith:	Thank you very much.
104:	You're welcome.

Situation 3. A wrong number (p. 10)

Characters: Mr. Smith
a woman

Smith: Hello. ⟨Hello⟩ Is that the Nihon Kiin?
Woman: What?
Smith: Isn't that the Nihon Kiin having to do with *go*?
Woman: No, it's not.
Smith: Oh, I'm sorry. ⟨That's OK⟩ Excuse me, but is this 3261-1515?
Woman: No, this is 3261-1525.
Smith: Oh, I'm very sorry.
Woman: Not at all.

Unit 2

Situation 4. Telephoning the Nihon Kiin (p. 18)

Characters: Mr. Smith
the Nihon Kiin receptionist
a Nihon Kiin official

Smith: Hello, is this the Nihon Kiin?
Receptionist: Yes, this is the Nihon Kiin.
Smith: I'd like to make an inquiry. ⟨Yes⟩ Actually I'd like to learn how to play *go*. ⟨Yes⟩ Do you offer any courses there?
Recep: Yes, we do. Please hold, ⟨Yes⟩ and I'll connect you with the person in charge of that. ⟨OK⟩
Official: Hello, how may I help you?
Smith: Hello. ⟨Yes⟩ I'm calling about *go* classes. ⟨Yes⟩ Would you happen to offer a course for beginners?
Off: Yes, we do. Do you know the general rules of the game?
Smith: No, just a little.
Off: I see. In such cases, we have our students start with the introductory course.
Smith: I see. ⟨Yes⟩ Is that held once a week?
Off: No, the course is held each month for four days in a row starting on the fourth Tuesday of the month.
Smith: And is it held during the day?
Off: No, it's in the evening from 6 to 9. ⟨From 6 to 9⟩ Yes. We accept applications on the day it starts. ⟨Yes⟩ Please come here by 6 o'clock to apply.
Smith: Yes, by 6 o'clock. And how much are the fees?
Off: Let me see. The introductory course is 5,500 yen.
Smith: 5,500 yen. ⟨Yes⟩ That's 5,500 yen for four days of class from the fourth Tuesday of the month to the following Friday.
Off: Yes, that's right.
Smith: And exactly where in Ichigaya are you located?
Off: Are you familiar with Ichigaya Station?
Smith: Yes, I am.
Off: Well, you come out of the ticket gate at the JR Ichigaya Station. ⟨Yes⟩ If you turn toward Ochanomizu and look to the right, ⟨Yes⟩ you will see a dark-colored building with a sign saying Nihon Kiin. ⟨Yes⟩ You shouldn't have any trouble finding it.

Smith:	I see. That was to the right facing Ochanomizu. 〈Yes, that's right〉 All right, I've got that. Thank you very much.
Off:	Not at all. We'll be looking forward to your visit.
Smith:	Well, goodbye.
Off:	Goodbye.

Situation 5. Asking for directions (p. 20)

Characters:	Mr. Smith
	Passerby no. 1
	Passerby no. 2
Place:	near Ichigaya Station

Smith:	Excuse me.
PB 1:	Yes?
Smith:	I'd like to ask you something.
PB 1:	Yes?
Smith:	I'm trying to find the Nihon Kiin...
PB 1:	The Nihon Kiin...? Well, I don't really know this area very well.
Smith:	Oh, I see.
PB 1:	I'm sorry. I wasn't much help to you.
Smith:	No, no. Thank you

*　　　　*　　　　*

Smith:	Excuse me.
PB 2:	Yes?
Smith:	Is the Nihon Kiin near here?
PB 2:	The Nihon Kiin having to do with *go*?
Smith:	Yes.
PB 2:	Oh, that's over there in that direction.
Smith:	I see.
PB 2:	You see the station ahead of us. 〈Yes〉 If you cross at the light in front of the station, 〈Yes〉 you will soon see a Mitsubishi Bank, I think.
Smith:	A Mitsubishi Bank.
PB 2:	Yes, I think so. If you walk along the alley just this side of the Mitsubishi Bank for about 40 meters, then the Nihon Kiin will be on the right. It's a large, dark-colored building so you shouldn't have any trouble finding it.
Smith:	Yes, I see. Thank you very much.
PB 2:	No, no. Not at all.

Situation 6. Asking about *go* courses at the Nihon Kiin (p. 21)

Characters:	Mr. Smith
	the official in charge of the course
Place:	the 5th floor of the Nihon Kiin

Smith:	Excuse me.
Off:	Yes?
Smith:	I've heard there is a *go* class here...
Off:	Yes, we have several courses.
Smith:	I see. What is the approximate level of difficulty of the introductory course?

Off:	It is designed for absolute beginners. If you are at all familiar with the game, it will not be necessary for you to take this course.
Smith:	I see.
Off:	Ah, a group of foreigners meets in a room here every week on Thursday evening. If you would like to, why don't you come to that and see if you like it?
Smith:	Oh, you have that kind of gathering?
Off:	Yes, we have it in order to promote *go*.
Smith:	I see. That's every Thursday night?
Off:	Yes, generally people start coming from 5 o'clock on.
Smith:	I see. Well, I'll be sure to come by one Thursday. Thank you very much.
Off:	You're welcome. Oh, they're playing *go* in this room now if you'd like to watch.
Smith:	Yes, I would. Thank you.

Unit 3

Situation 7. Expressing gratitude while conveying information (p. 31)

	Characters:	Mr. Smith
		Mr. Yamamoto (a sempai at the dorm)
	Place:	the dining room at the dorm

Yama:	How are you doing these days?
Smith:	Oh, Mr. Yamamoto. Thank you for your kindness the other day.
Yama:	Oh...? What was that?
Smith:	About *go* classes.
Yama:	Oh, yes. What did you find out?
Smith:	As you suggested I called the Nihon Kiin and went there the day before yesterday. ⟨Yes⟩ And so I've entered a beginning course there.
Yama:	I see. So they do give classes. ⟨Yes⟩ And how is it?
Smith:	Thanks to your help I'm gradually learning. ⟨I see⟩ I have a good teacher, and it's going well.
Yama:	Ah, that's good. ⟨Yes⟩ Well, keep at it and soon you can teach me!
Smith:	Oh, my teaching you is out of the question!
Yama:	No, no. I'll be looking forward to it.

Situation 8. Telephoning the Nihon Kiin to inform them of his absence (p. 32)

	Characters:	Mr. Smith
		the Nihon Kiin receptionist
		a Nihon Kiin official

Smith:	Hello.
Recep:	Hello, this is the Nihon Kiin.
Smith:	I'd like to talk to Mr. Tajima who is teaching today's elementary course, please.
Recep:	I see. Excuse me, but who shall I say is calling?
Smith:	This is Mr. Smith.
Recep:	Mr. Smith. ⟨Yes⟩ Please wait a moment. ⟨Yes⟩ I'll connect you.
Off:	Hello, how may I help you?
Smith:	Hello. ⟨Yes⟩ It's about tonight's...
Off:	I'm sorry, but I can't hear you very well...

Smith:	Oh, sorry.

Off:	Hello. 〈Yes〉 Excuse me, but is Mr. Tajima of tonight's elementary course there?
Off:	No, Mr. Tajima hasn't come in yet.
Smith:	Oh, really? 〈Yes〉 Well, could I leave a message?
Off:	Yes, of course.
Smith:	Well, this is Mr. Smith of the elementary course.
Off:	Oh, Mr. Smith.
Smith:	Yes, actually I've caught a virus 〈Yes〉 and I would like to be excused from class tonight.
Off:	Yes, I see.
Smith:	I'm sorry, but would you please convey my regrets to Mr. Tajima?
Off:	Yes. You will be absent due to a virus. 〈Yes〉 I understand. I will tell him.
Smith:	Thank you very much.

Off:	Well, take care of yourself.
Smith:	Thank you. Well, that's all.
Off:	Goodbye.
Smith:	Goodbye.

Situation 9. Accepting an invitation from a sempai (p. 33)

> Characters: Mr. Smith
> Mr. Yamamoto
> a dormitory resident
>
> Place: the dormitory recreation room

(Mr. Smith is playing *go*.)

Yama:	Oh there you are. I thought you might be here.
Smith:	Oh, Mr. Yamamoto.
Yama:	I just went to your room and when you weren't there I thought I might find you here.
Smith:	Was there something special?
Yama:	It looks like you're working very hard on your *go* game.
Resident:	Yes, Mr. Smith has all the makings of a good player.
Smith:	No, no.
Yama:	Now, now, don't be so bashful... Actually what I wanted to talk to you about concerns *go*.
Smith:	Oh, what is it?
Yama:	One of my superiors at work likes *go*. 〈Yes〉 When I mentioned you to him he said he would certainly like you to come visit him.
Smith:	Oh, I couldn't do that.
Yama:	I thought you might feel that way.
Res:	Is that Kobayashi Kacho?
Yama:	Yes, it is.
Res:	Kobayashi Kacho is a friendly sort.
Yama:	Yes, and he has a cute daughter and his wife is a good cook...
Smith:	But going to the home of a complete stranger...
Yama:	I understand how you feel, but it would be good practice for your Japanese.
Smith:	Well, you really know how to get to me.
Res:	But he's right. It would be good practice for you. Kacho is a good sort and there's nothing to be afraid of. Why don't you go visit him?
Smith:	Well, in that case, I suppose I could go.
Yama:	Good. Actually he mentioned our coming this weekend.
Smith:	So soon?

Yama: Yes, how about it?
Smith: Well, I don't have anything else planned.
Yama: How about going on Saturday then?
Smith: OK.
Yama: Well, I'll talk it over with Mr. Kobayashi and give you the exact time and other details later.
Smith: OK, I'll leave it to you then.

Unit 4

Situation 10.   Visiting the Kobayashi home   (p. 43)

Characters: Mr. Smith
                Mr. Yamamoto
                Kobayashi Kacho (45 years old)
                Mrs. Kobayashi (42 years old)
Place: the Kobayashi home

(Mr. Yamamoto takes off his coat outside the entrance, and Mr. Smith takes off his coat in haste.)

Yama: Hello. This is Mr. Yamamoto.
Mrs. Kobayashi: Come in please.
Yama: All right, thank you.
Mrs. K: Welcome. Come in... We were expecting you.
Yama: Thank you... Thank you for having us. This is Mr. Smith.
Smith: My name is Smith. How do you do? It's nice to meet you.
Mrs. K: It's nice to meet you. Please come right in. My husband is looking forward to meeting you.
Smith: Thank you.
Mrs. K: This way, please.
Yama: Thank you.
Kobayashi Kacho: Welcome, welcome. We were waiting for you.
Yama: Thank you for inviting us, Kacho. This is Mr. Smith, whom I was telling you about.
Kacho: I'm glad you could come. Well, come in. Let's skip the formal greetings...
Mrs. K: This way, please.

Situation 11.   Responding to praise   (p. 44)

Characters: Mr. Smith, Mr. Yamamoto
                Kobayashi Kacho
                Mrs. Kobayashi
Place: the Kobayashi home

(Mr. Kobayashi and his guests are drinking beer and chatting in the living room after a game of *go*.)

Kacho: I'm really surprised... You're so good at *go* after only two or three months of study.
Smith: No, no... I'm not all that good.
Kacho: Once you had me worried that you were going to beat me.
Yama: Mr. Smith really has an aptitude for *go*.

Smith:	No, no. I didn't start from zero, you know. I played a little before coming to Japan. And besides I've been studying *go* books every day for a week or so.
Yama:	Now that's just like a budding scholar. You do research as well as actual practice...
Smith:	Oh, I just enjoy it. Even while thinking I should be doing my homework, I end up looking through *go* books instead. When it comes down to it, it's a lot more fun than studying Japanese...

Kacho:	Well, I suppose it is.
Yama:	But Kacho, Mr. Smith really is a diligent student.
Kacho	Yes, I can tell that he is.
Yama:	He's up late studying every night.
Kacho:	Really!
Smith:	Well, I *am* a student...

(Mrs. Kobayashi brings in some snacks.)

Mrs. K:	Please try some of these. I hope you'll like them.
Smith:	Thank you. I'll have some.

(Mrs. Kobayashi goes out again.)

Kacho:	Hey, we're out of drinks!

(He also goes out.)

Smith:	I wonder where the cute daughter is.
Yama:	It seems she's out on a date.
Smith:	Oh!

Situation 12.　Writing a thank-you note　(p. 46)

It's becoming colder day by day, and I trust you have all been fine since our last meeting.

Thank you very much for your hospitality the other day. I was rather nervous because it was my first visit to your home, but thanks to your kindness it was a very pleasant day indeed. Thank you again.

It seems to be the season for colds. Please take care of yourselves.

November 20

● ─────────── Part 2 ─────────── ●

Unit 5

Situation 1.　Receiving the advice of Shimizu Sensei on finding a book　(p. 61)

Characters:	Mr. Smith
	Shimizu Sensei
Place:	the Center lounge

(Mr. Smith is in front of the bookshelves looking at a memo and searching for a particular book.)

Shimizu: What are you looking for, Mr. Smith?

Smith: It's this book, sensei. Professor Brown of Columbia University recommended that I read it and I thought it might be here.

Shimizu: You probably won't find it here. But this is a fine book which details the origins of the orientation of Japanese education today. ⟨Yes⟩ It would be a good text for the reading class. You should be able to find it at a large bookstore such as the Kinokuniya store in Shinjuku or the Sanseido store in Kanda.

Smith: I see. Well, I'll go look for it at Kinokuniya.

Shimizu: However it would be a good idea to call first and see if they have it or not. You wouldn't want to waste a trip there.

Smith: That's true. I'll call and ask right away.

Shimizu: Good.

Situation 2. Telephoning Kinokuniya (p. 62)

Characters: Mr. Smith
the operator at Kinokuniya
an employee of Kinokuniya

Operator: Hello, this is Kinokuniya.

Smith: I'm looking for a book in the field of education.

Op: Please hold a moment, and I'll connect you with that department.

Employee: Hello, how may I help you?

Smith: I would like to buy the book *Meiji Jugyo Rironshi Kenkyu* from Hyoronsha.

Emp: One moment, please.

Do you happen to know the name of the author?

Smith: Yes, it's Inagaki Tadahiko.

Emp: Inagaki Tadahiko. And when was it published?

Smith: In Showa 41.

Emp: I see. Please hold on and I'll see if we have it. ⟨OK⟩

Sorry to have kept you waiting. That book is now out of print.

Smith: Out of print.

Emp: Yes, I'm sorry but the publisher no longer has any copies in stock ...

So I'm afraid we can't order it for you.

Smith: I see. Well, it can't be helped. Thank you.

Emp: You're welcome.

Situation 3. Asking Shimizu Sensei for her advice again (p. 63)

Characters: Mr. Smith
Shimizu Sensei

Place: the Center lounge

Smith: Good morning, Sensei.

Shimizu: Good morning. Were you able to find that book we were talking about the other day?

Smith: No. I called Kinokuniya, but they said it was out of print.

Shimizu: I see.

Well, probably the only place to find it is at a used bookstore in Kanda. And if they don't have it, you'll have to go to the Diet Library.

| Smith: | Well, I've been planning to go see what Kanda is like anyway. I was thinking of going there next Saturday. |
| Shimizu: | That's a good idea. |

Unit 6

Situation 4.　Refusing a request　(p. 70)

Characters:　Mr. Smith
　　　　　　　Ms. Tanaka (the Center receptionist)
Place:　　　　the Center reception desk

Tanaka:	Good morning.
Smith:	Good morning.
Tanaka:	Ah, Mr. Smith. I have a favor to ask of you.
Smith:	What is it? Please don't hesitate.
Tanaka:	Well, actually one of my friends wants to study English. Do you think you could teach her?
Smith:	Teach English? ⟨Yes⟩ Well, I'm kept pretty busy preparing for class and I don't really want to use English much... I'm very sorry not to be able to help you.
Tanaka:	Oh? That's too bad.
Smith:	I'm sorry to have to disappoint you.
Tanaka:	No, you shouldn't neglect your studies. Well, I'll tell my friend that.
Smith:	I'm very sorry. ⟨No, no⟩ Oh, Ms. Tanaka ⟨Yes⟩, I'd like to go to the used bookstores in Kanda. Could you give me directions?
Tanaka:	If you're going to the used bookstores in Kanda, it will be most convenient to take the Mita municipal subway line and get off at Jimbocho. ⟨The Mita line⟩ Yes, you can transfer to the Mita line at Tamachi on the Keihin Tohoku line.
Smith:	I see. About how long will it take to go there from here?
Tanaka:	Well, it should take less than an hour.
Smith:	I see. Well, I'll probably go next week.
Tanaka:	I see.

Situation 5.　Accepting an offer　(p. 71)

Characters:　Mr. Smith
　　　　　　　Mr. Ohki (a graduate student, 27 years old)

(Mr. Smith telephones Mr. Ohki at his apartment.)

Ohki:	Hello.
Smith:	Is that Ohki-san? This is David Smith.
Ohki:	Oh, Smith-san. How are things going?
Smith:	Pretty good.
Ohki:	I haven't seen you for a long time. ⟨That's right⟩ It must be three months or so since we went hiking together.
Smith:	I'm sorry not to have called sooner.
Ohki:	No, no. That's no one's fault. And is there some special reason you're calling?
Smith:	Yes, we are planning to read *Meiji Jugyo Rironshi Kenkyu* by Professor Inagaki of Tokyo University in one of my classes at the Center, but they don't have it at the bookstores here. ⟨I see⟩ I was thinking of going to Kanda tomorrow and wondered if you could tell me what

bookstores there specialize in education books.

Ohki: I see. You're going tomorrow? ⟨Yes⟩ Well, there are some books I want, too, so let's go together.

Smith: Are you sure it's no trouble? ⟨Yes⟩ Actually it's my first visit to Kanda so it would really be a help if you could go with me.

Ohki: It's your first visit there? In that case you must give me the honor of being your humble guide.

Smith: Of course, kind sir.

Ohki: Anyway, what time do you want to go?

Situation 6. Visiting a used bookstore (p. 72)

Characters: Mr. Smith
Mr. Ohki
the owner of a used bookstore

Place: a used bookstore in Kanda

Smith: Do you have the book *Meiji Jugyo Rironshi Kenkyu* by Inagaki Tadahiko?

Owner: No, we don't. But if you write your name and address down for me in this notebook, I'll save it for if it comes in.

Smith: How long would that take?

Owner: Well, it's hard to say.

Smith: I see. Well, thanks anyway, but I need it right away.

Owner: I see. Sorry.
(Walking)

Ohki: It doesn't look like we're going to find it.

Smith: No. Well, I guess I could go look for it at the National Diet Library next Wednesday afternoon.

Ohki: They're sure to have it there. But it's too bad your trip here was wasted.

Smith: No, no. I really appreciate all your help today.

Ohki: After all, you helped me a lot in New York.

Unit 7

Situation 7. Seeking advice on handling a request (p. 80)

Characters: Mr. Smith
Shimizu Sensei

Place: the Center staffroom

Smith: Ah, sensei, could I see you a minute?

Shimizu: Yes, of course.

Smith: It's about the book for the reading class.

Shimizu: Oh yes. Were you able to find it?

Smith: I looked for it in several bookstores in Kanda but couldn't find it. ⟨I see⟩ In the end I went to the National Diet Library yesterday and asked them to make a copy of it for me.

Shimizu: You were put to a lot of trouble.

Smith: But they can't do it all at once so it won't be ready until next Tuesday. What will you do for something to read until then?

Shimizu: Let me think. Well, the first meeting we can discuss the present state of Japanese education.

	Let's start on it the week after next.
Smith:	OK.

> By the way, there's something I'd like to ask your advice about.
> Shimizu: Yes, what is it?
> Smith: Actually, my *go* teacher has asked me to teach his son English.
> Shimizu: I see.
> Smith: And I'm not sure how to refuse him.

Shimizu: Yes, it is hard to refuse someone you are obligated to like one of your teachers.

Smith: Yes.

Shimizu: Well, why don't you refuse by saying you want to use Japanese as much as possible while you're in Japan, or that you're busy with your studies at the Center and don't have any spare time?

Smith: I've tried that, but he kept on asking me to try to find time for it.

Shimizu: That's a real problem.

Smith: Yes.

Shimizu: Well, you could tell him that the Center teachers have forbidden you to teach English.

Smith: Oh, that's a good idea. Thank you very much. I'll try telling him that.

Situation 8. Writing a thank-you letter to Mr. Ohki (p. 82)

January 20

Dear Mr. Ohki,

We have been having cold weather, but I hope you are in good health.

Thank you very much for taking time out of your busy schedule to go with me to Kanda last week. It was so interesting there that I lost track of time. I plan to go there from time to time to gather materials for my dissertation. As for that book I was trying to buy, in the end I had a copy of it made at the National Diet Library. We will read it together in class and I have to make vocabulary sheets for one section of it — it takes a lot of time.

The Center program is more than halfway over now. It's gotten more interesting because now we can start studying in our area of specialization.

Please be careful not to catch a cold or the flu in the cold days ahead.

David Smith

Situation 9. Seeking advice about auditing a course (p. 83)

Characters:	Mr. Smith
	Shimizu Sensei
Place:	the Center lounge

(Mr. Smith and Shimizu Sensei are looking at a university catalog.)

Smith: Should I go to this class on the history of education?

Shimizu: Yes, that would be a good idea. You need to gain an historical overview.

Smith: And how about this one?

Shimizu: Educational psychology. I think you will already be familiar with most of the coursework. But maybe you should take it to pick up the Japanese words for things and to become better able to talk about various topics in Japanese.

Smith: I see. I'm also worried about whether or not I'll be able to understand all of a university lecture. Do you think I'll be allowed to use a tape recorder in class?

Shimizu: Well, some professors won't mind at all but some might not like the idea. At any rate, I think you should ask first and only tape it after you've gotten the professor's permission.

Smith:	Yes.
Shimizu:	But listening to the tapes will be a big job. It would take a lot of time and the voices will be hard to hear. I think it would be better to make a friend and ask to check his or her notes.
Smith:	Yes, that sounds good. That's what I'll do. Thank you for taking the time to advise me.
Shimizu:	No, not at all.

Part 3

Unit 8

Situation 1. Leaving a message (p. 95)

Characters: Mrs. Ishikawa (the dorm superintendent)
                Miss Yamada (a friend of Mr. Smith's)
Place: the dorm

Ishikawa:	Hello. This is the Yokohama dorm of Chiyoda Kensetsu.
Yamada:	Excuse me, but could I speak with Mr. Smith please?
Ishi:	Mr. Smith? ⟨Yes⟩ Please wait a moment.
	It appears that Mr. Smith hasn't returned home yet.
Yamada:	I see. In that case, I'm sorry to trouble you, but could you please give him a message? ⟨Yes, of course⟩ This is Miss Yamada ⟨Yes⟩. I have two tickets for an evening Noh performance the day after tomorrow ⟨Yes⟩. If he can go, I'd like him to call me sometime this evening ⟨Yes⟩. Could you please tell him that?
Ishi:	That was the evening of the day after tomorrow? ⟨Yes, that's right⟩. And does Mr. Smith have your telephone number?
Yamada:	I think he does, but just in case I'll give it to you. ⟨Yes, go ahead⟩. It's 212-3046.
Ishi:	That's Miss Yamada at 212-3046.
Yamada:	Yes, that's right. Thank you very much indeed for your trouble.
Ishi:	That's all right. I'll be sure to tell him.
Yamada:	Well, goodbye then.
Ishi:	Goodbye.

Situation 2. Passing on a message (p. 96)

Characters: Mrs. Ishikawa (the dorm supt.)
                Mr. Smith

Ishi:	Oh, Mr. Smith. This evening there was a telephone call for you from a Miss Yamada.
Smith:	Oh, I'm sorry to have troubled you (to take a message while I was out).
Ishi:	No, no . . . She said she had tickets for a Noh performance in the evening the day after tomorrow ⟨Yes⟩. If you can go, she wants you to call her back sometime tonight.
Smith:	I see. Thank you very much.
Ishi:	Not at all. Do you have Miss Yamada's telephone number?
Smith:	Yes, I do. Thank you again for all your trouble.
Ishi:	No, no.

Unit 9

Situation 3.　Accepting an invitation　(p. 104)

Characters:　Miss Yamada
Mr. Smith

Smith:　Hello.

Yamada:　Hello, this is Miss Yamada speaking.

Smith:　Good evening. This is Mr. Smith.

Yamada:　Oh, Mr. Smith. How are you?

Smith:　Fine, thanks. I hear you called me this evening ⟨Yes⟩. I'm sorry I wasn't here.

Yamada:　No, no.

Smith:　It was about Noh?

Yamada:　Yes, well . . .

Are you interested in Noh, Mr. Smith?

Smith:　Yes. I don't know much about it, but I would definitely like to see it at least once.

Yamada:　Really? Actually I have two tickets from a friend. If you'd like, shall we go together?

Smith:　Oh, would that really be all right?

Yamada:　Yes, of course.

Well then, it's at the Nogakudo in Suidobashi.

Smith:　I've never been there.

Yamada:　In that case, why don't we meet somewhere and go there together?

Smith:　Yes, that would be much easier.

Yamada:　Well then ⟨Yes⟩, are you familiar with Suidobashi on the JR line? It's the next stop after Ochanomizu on the Sobu line. ⟨Yes, I know it.⟩ Well, let's meet just outside the exit toward Ochanomizu.

Smith:　OK. That's Suidobashi Station just outside the exit toward Ochanomizu.

Yamada:　Yes, that's right. It starts at 6 o'clock ⟨At 6 o'clock⟩. Yes, so let's meet at 15 minutes before 6.

Smith:　At 15 minutes before 6. ⟨Yes⟩ Well, I'll be looking forward to it.

Yamada:　Until 5:45 the day after tomorrow then.

Smith:　Yes, until day after tomorrow. Thank you very much.

Yamada:　No, not at all.

Smith:　Well, goodbye then.

Yamada:　Good night.

Situation 4.　Meeting at a prearranged time and place　(p. 105)

Characters:　Miss Yamada
Mr. Smith
Place:　Suidobashi Station

Yamada:　Sorry. ⟨That's OK⟩ A telephone call came just as I was leaving work . . . You must have been waitng for a long time.

Smith:　No, I just got here myself.

Yamada:　That's good. But I'm sorry to have invited you at the last minute like this, Mr. Smith.

Smith:　No, no. Thank you very much for inviting me.

Yamada:　Well, shall we go?

Smith:　Yes.

Situation 5. Asking someone out to a movie in appreciation of a previous favor (p. 106)

> Characters: Miss Yamada
> Miss Yamada's mother
> Mr. Smith

Mother: This is the Yamada residence.
Smith: Hello, this is Mr. Smith. Is Keiko home now?
Mother: Oh, Mr. Smith. Thank you for all your kindnesses to Keiko.
Smith: No, no. I'm in her debt.
Mother: Keiko has told me about you. You speak Japanese very well.
Smith: No, not really.
Mother: No, you're really very good.
Smith: No, no.
Mother: Oh, you wanted to speak with Keiko. Please wait a moment and I'll go get her.
Smith: Sure.
Miss Yamada: Hello.
Smith: Oh, good evening. Thank you for the other day.
Yamada: Not at all.
Smith: You even treated me to dinner. Thank you again.
Yamada: No, no. "Dojoji" was really good, wasn't it?
Smith: And the *kyogen* performance was interesting too.
Yamada: Yes, it certainly was. Let's go again sometime.
Smith: Yes. Well, it's not intended as repayment for the other night, but "Sasameyuki" is playing now at the Namikiza in Ginza.
Yamada: Oh?
Smith: Would you like to go to it with me this Saturday?
Yamada: Yes, I'd like that. I've wanted to see it for some time now.
Smith: That's good. The showings are at 11 and 3:30.
Yamada: Well, if possible I'd prefer the 3:30 show.
Smith: Well, let's leave plenty of time and meet at 3 on Saturday. How about meeting at the bookstore on the second floor of the Kotsu Kaikan?
Yamada: OK. Well, I'll be looking forward to it.
Smith: Good night then.
Yamada: Good night.

Situation 6. Talking about the weekend (p. 107)

> Characters: Mr. Yamamoto
> Mrs. Ishikawa (the dorm superintendent)
> Mr. Smith
> Place: in front of the dorm recreation room

Yamamoto: How are you doing?
Smith: Fine, thanks.
Yama: You haven't been around on weekends lately. What's up?
Smith: Oh well ...
Yama: How about a game of tennis sometime soon? Today I had to go to work (but usually I'm free on Saturdays).
Smith: That's a tough schedule ...

(Mrs. Ishikawa, the superintendent, comes up to them)

Ishikawa: Oh Mr. Smith? There was a telephone call for you today from the library at Yokohama University.
Smith: Oh no. I forgot.
Ishi: Your books are overdue and they'd like you to return them right away.
Smith: OK. Thank you very much. Oh, tomorrow is Sunday, isn't it?
Yama: You must be overworked these days too, Mr. Smith.
Smith: Why do you say that?
Yama: You're forgetting things because you're so busy.
Smith: But I'm not as busy as you are, Mr. Yamamoto.
Yama: Maybe not, but rumor says you're busy at more than just work.
Smith: What do you mean?
Yama: Just that you're kept busy with more than your studies — like with dates.
Smith: What!
Yama: So it's true! I thought your Japanese had improved a lot recently.
Smith: I don't believe it. How did that news get out?

—————————————————————— **Part 4** ——————————————————————

Unit 10

Situation 1. Asking Professor Kimura for an introduction to a graduate student (p. 120)

Characters: Mr. Smith
Professor Kimura (Mr. Smith's professor for a class in comparative education at Yokohama University, 50 years old)
Place: Professor Kimura's office in the Education Department

Kimura: Yes?
Smith: Excuse me. It's Mr. Smith.
Kimura: Come on in.
Smith: Thank you. And thank you for your advice the other day.
Kimura: Not at all. Were you able to find that book?
Smith: Yes, thank you.
Kimura: That's good. ⟨Yes⟩ Please, sit down.
Smith: Thank you.
Kimura: And how is it? Have you read any of it yet?
Smith: Actually, that's what I came to see you about.
Kimura: Yes, what is it?
Smith: I've started to read it but . . .
Kimura: It's not all that difficult, is it?
Smith: I guess not. It's just that reading it by myself ⟨Yes⟩, that is to say, I'm not sure if I really understand it or not.
Kimura: You're nervous reading it by yourself?
Smith: Yes, that's right. ⟨I see, I see⟩ Therefore, if possible, I was hoping that you might introduce me to someone strong in classical Japanese.
Kimura: Oh?

Smith:	Yes, <u>I'd like to</u> meet once a week with someone and ask various questions that I have. <u>I can't pay much but . . .</u>
Kimura:	Well, someone strong in classical Japanese. Now who would be good?
Smith:	I'm sorry to bother you, but don't you know someone who could do it?

Kimura: Well, Mr. Shimaoka might be good. Do you know him?

Smith: Yes, I know him by sight.

Kimura: I see. Well, I'll ask him about it soon.

Smith: <u>Thank you very much.</u>

Kimura: All right.

Smith: I'm sorry to bother you when you're so busy.

Kimura: No, no. It won't be any trouble. I think he'll agree to do it.

Smith: <u>I hope so.</u>

Kimura: I'm sure he will.

Smith: <u>I'm sorry to impose on you.</u>

Kimura: No, no.

Smith: Well, goodbye.

Situation 2. Meeting Mr. Shimaoka and asking for his help (p. 122)

Characters: Mr. Shimaoka (a graduate student in education)

Mr. Smith

Place: the entrance of the university library

Shimaoka: Oh, Mr. Smith. ⟨Yes⟩ I'm Mr. Shimaoka.

Smith: Oh, Mr. Shimaoka.

Shima: <u>Professor Kimura talked with me about your request.</u>

Smith: <u>And can you do it?</u>

Shima: Well, <u>I don't know if I will be of any use, but if you'd like I can try to help you.</u>

Smith: Thank you very much. <u>I know it's a nuisance . . .</u>

Shima: No, <u>it will be educational for me too.</u>

Smith: <u>I doubt that, but it would be a big help for me if we could meet together once a week.</u>

Shima: But Mr. Smith, I hear you can read quite well.

Smith: Well, <u>I'm getting better at it but I'm still very slow . . .</u>

Shima: So am I. Well, let's do it as a sort of mutual study session.

Smith: <u>Thank you very much.</u>

Shima: Well, what day is convenient for you?

Smith: Wednesday afternoon is best for me . . .

Shima: Oh? Wednesday is out for me. I have a full schedule from morning to night. ⟨I see⟩ How about the weekend?

Smith: But <u>aren't you busy weekends?</u>

Shima: No, I'm free on Saturday morning.

Smith: I am too.

Shima: That's settled then. Now for the place. There aren't many classes on Saturday so why don't we use a seminar room?

Smith: OK. What time . . .

Shima: How about 10 a.m.?

Smith: <u>That would be fine.</u> When shall we start?

Shima: Do you want to start from this Saturday? ⟨Yes⟩ Then please tell me what page to start preparing from.

Smith: Well, let me see . . .

Unit 11

Situation 3.　Talking with Mr. Shimaoka about his fee　(p. 131)

Characters:　Mr. Shimaoka (a graduate student in education)
　　　　　　　Mr. Smith
Place:　　　　the entrance to the university library

Smith:　Well, we did the first chapter at the Center so let's make it from Chapter 2.
Shima:　Chapter 2.

Smith:　And about your fee . . .
Shima:　Oh, like I said before, it will be educational for me too so don't worry about paying me anything.
Smith:　No, you're busy and this will take up your time.
Shima:　No, no. That's OK.
Smith:　But think of my position.
Shima:　Oh? Well then you can give me a token payment.
Smith:　I see.

Shima:　Then I'll see you at 10 a.m. next Saturday.
Smith:　Yes. Thank you very much.
Shima:　Goodbye.
Smith:　Goodbye.

(Mr. Shimaoka leaves)

Smith:　A token payment . . . I'd better ask Professor Kimura what to do.

Situation 4.　Thanking Professor Kimura and reporting on progress　(p. 132)

Characters:　Mr. Smith
　　　　　　　Professor Kimura
Place:　　　　Professor Kimura's office in the Education Department

Smith:　It's Mr. Smith.
Kimura:　Yes, come in.
Smith:　Excuse me, but are you free now?
Kimura:　Yes, that's all right.
Smith:　Thank you very much for your fine introduction.
Kimura:　No, no. I hear you are meeting with Mr. Shimaoka.
Smith:　Yes, for two hours each Saturday.
Kimura:　I see. And what kind of pace are you maintaining?
Smith:　We prepare 20 pages but we discuss various points so at present we are only covering about 10 pages a time. ⟨I see⟩ But I think I'll gradually be able to read faster.
Kimura:　Well, it has some writings in Chinese and all — it is a difficult book to read.
Smith:　Yes, but Mr. Shimaoka explains patiently and that helps a lot. You really chose well.
Kimura:　No, no. I'm glad it's working out OK.
Smith:　But about his fee.
Kimura:　Yes.

Smith: When I asked Mr. Shimaoka about it he said he would only take a token payment and I'm not
            sure what's best to do.
Kimura: I see. I'm not sure what you should be paying either, but I'll ask around.
Smith: Could you? I'd appreciate it very much.
Kimura: All right.

Unit 12

Situation 5. Being asked to do something by Professor Kimura and discussing the details (p. 145)

                                Characters: Mr. Smith
                                              Professor Kimura
                                Place: Professor Kimura's office in the Education
                                              Department

Kimura:	That covers that then. And actually there's a favor I'd like to ask of you, Mr. Smith.
Smith:	Yes, what might that be?
Kimura:	Well, I'd like to ask you to talk in our seminar about education in the United States. ⟨Oh!⟩ You wouldn't have to speak for the full two hours — maybe talk for an hour and a half or so and then answer questions... What do you think?
Smith:	Me? ⟨Yes⟩ In Japanese? ⟨Yes⟩ But education in the United States is a very broad topic. Exactly what area...
Kimura:	Well, all the students know from their readings that classes are conducted differently in Japan and the United States. ⟨Yes⟩ That sort of thing. For example, the teacher not lecturing from a dais as in Japan, not forcing the students to all learn the same thing and to memorize things. ⟨Yes⟩ There are various differences even in elementary schools.
Smith:	I see, but talking for an hour and a half...
Kimura:	Well, in that case an hour would be OK. I would appreciate it if you could talk about what it is really like based on your own experiences.
Smith:	I'm not sure if I can do a good job at it.
Kimura:	Oh, you'll be fine. Only the seminar students will be listening...
Smith:	I suppose so. And just one hour will be enough?
Kimura:	Yes, well, it would be nice if you could do it two times.
Smith:	Oh, I really couldn't do it two times. Maybe one time but...
Kimura:	Oh? Well, once then. I'm counting on you. ⟨Yes⟩ You can do it any time you'd like.
Smith:	I'll be busy at the Center this month so I'd prefer doing it next month if possible.
Kimura:	Fine. Let's see. How about the third week next month?
Smith:	That would be fine.
Kimura:	The third week next month then.
Smith:	It may not be any good though.
Kimura:	You always do a fine job, Mr. Smith.
Smith:	No, no.

            Oh, it's 5 o'clock already. I'm sorry to have stayed so long.
Kimura: No, no. I'm the one who asked a favor of you.
Smith: Well, goodbye then.
Kimura: Goodbye.

Situation 6.   Being praised for his seminar talk   (p. 147)

Characters: Mr. Smith
　　　　　　　Students A, B, C, D
Place: a classroom

A:　　　　Your talk was really interesting, Mr. Smith.
Smith:　　Really? Thanks.
B:　　　　Listening to what you said makes it very clear how hard Japanese schoolchildren have it.
C:　　　　And it also raises the question of the necessity of such extreme standardization.
D:　　　　I understood it a lot better this way than just from reading a book.
B:　　　　You wouldn't understand much from reading a book!
D:　　　　Why not?
B:　　　　Because you're always nodding off over your books at the library.
D:　　　　Look who's talking! I saw you snoring away the other day.

Situation 7.   Keeping Professor Sekine in New York informed about recent events   (p. 151)

May 10

Dear Professor Sekine,

　It must be warming up now in New York too. Here in Yokohama it's starting to feel like early summer. I'm sorry to have been so remiss in writing, but I trust you are well.

　My days are busy as always. I started auditing university classes last month so now I'm even busier. I was worried at first that I wouldn't be able to keep up with what was going on in class, but the professor and the other students have been very kind and help me out so I am happy to say that I am learning a lot. I am now reading *Meiji Jugyo Rironshi Kenkyu*. A graduate student, Mr. Shimaoka, is meeting with me for it once a week, which takes a weight off my mind.

　The other day I had the chance to talk about education in the United States in my seminar. At first I was nervous about speaking in Japanese but it seemed to go very well. They may not have meant it but my friends said it was interesting, so much so it was rather embarrassing. But it was a good experience for me.

　However, I don't spend all my time studying. I've gotten more used to Japanese life and made more Japanese friends so I've been going out more too. Recently I went to see my first Noh performance. Everyone warned me not to fall asleep during it, but it was much more interesting than I had imagined and I wasn't sleepy at all. The *kyogen* performance was good too. I plan to go out to various places and see various things from now on whenever I have a free day, for a change of pace.

　As you can see, I'm enjoying my life here very much so please don't worry about me.

　I will be writing again. New York will be getting hotter so please take care of your health.

Sincerely yours,
David Smith